# 고무락엔 누가 있나

문학공원 시선 121

# 고무락엔 누가 있나

김석준 시집

문학공원

## 자서

팔순이 되어서야 첫 시집을 낸다

오월 단옷날이 어머니의 제삿날이다

어린 시절 남의 집 살구나무 아래서 살구를 주워왔는데, 어머니께서는 도로 갖다 주라며 불호령을 내리셨다

그랬더니 그 집 주인아주머니가 뭐 이런 걸로 그러느냐며 한 바구니를 싸주어서 이가 시리도록 먹은 적이 있다.

그날 이후로 길에 떨어진 것이라도 남의 것이라면 넘보지 않는 사람이 되었다

내가 어머니의 말씀처럼 군대생활을 할 때까지도 머릿속에 박혀 정직하게 살아온 것도 모두 어머니의 공이다

이 시집을 어머니 영전에 바친다

더 열심히 창작해서 자식들에게 부끄럽지 않은 아버지로 살겠다

끝으로 파란 많은 세월을 함께 동고동락하며 살아준 아내 옥경자 님에게 고마움을 표한다.

2017년 여름

김석준 드림

CONTENTS

## 1부 **나의 만보기**

## 2부 **영원히 잠든 소위**

## 3부 38선은 내 운명

## 4부 **나는 길을 잃고 헤맸다**

# 1부
## 나의 만보기

# 넝쿨동굴

입춘이 지난 어느 날 오후
썰렁한 산책길 인적이 뜸하다
누가 사는 동굴일까

참새일까, 아니다
까투리일까, 아니다
까치일까, 아니다
칡넝쿨과 일년생 관목들이 어우러져 원형 지붕을 이루었다가
잎 떨어진 줄기들이 어우러져
몽골 유목민들의 게르 주택을 닮은 것도 같고
에스키모들의 얼음집 형태와 비슷한
안산천 산책길 경사면에
군데군데 넝쿨 동굴집이 산재해 있다

파드득!
장끼 다섯 마리가, 까치 세 마리가
동시에 날아오르는 부산함에 참새 무리들도 날아오르고
넝쿨이 풀리듯이 주위가 순간적으로 소란해졌다

두더지 굴 파듯이 땅굴을 파고 휴전선을 넘으려는
제1굴, 제2굴, 제3굴…?

그런데 자연스럽다
볼수록 신비롭다
주위 개천가에서는 물고기가 놀고 황새가 물속을 열심히 들여다보고
느티나무 높은 둥지에는 까치가 넘나든다
넝쿨동굴, 잡초동굴, 제1…, 제2…, 제3…

## 팔뚝에 새겨진 죄수번호

당신들은 팔뚝에 문신으로 새긴 죄수번호를 간직하고도
굽히지 않고 꿈을 안고
희망을 품고 자유를 찾았다

당신들만의 창조적인 일을 발견하기 위해
고통을 넘고 자유를 찾았다

인간은 영적인 존재이다
영적인 차원은 병들지 않고
당신들의 마음은 용감하였다
히틀러는 죽었지만
'안네'는 살아서 기록을 남긴 것처럼
당신들도 기록을 남겨라

세습된 3부자의 만행으로

수용소에 들어가자마자
소중한 가족과 모든 물건을 빼앗기고
완전히 벌거벗겨진 채로
번호 만이 문신으로 남아있다

어떤 사람은 12
어떤 사람은 34
그러나 이제 그들은 화면에서 활짝 웃고 있다
더 활짝 웃어라
그 웃음은 통일의 씨앗이 될 것이다

# 너럭바위

國亨寺 가는 길목 뿌리 깊은 너럭바위
세월은 몸에 감고 상전벽해 둘렀구나
개운동 선남선녀가 너를 보러 왔노라

소년이 노년되어 찾아온 치악 산정
숯가마 메고 가던 옛날 추억 기리운대
유구한 솔잎 속에서 새로운 천년 신라

서천에 지는 노을 하루를 마감하는데
관악이 합장하고 치악이 설법하니
침묵의 너럭바위는 제 몸으로 웅변하네

# 까치집

까치집
408동 동쪽 5층 높이 나무 위에 까치집 하나

까치집 까치집 까치집 까치집 까치집 까치집 까치집 까치집 까치집 까치집 까치집 까치집 까치집 까치집 까치집 까치집 까치집 까치집 까치집 까치집 까치집 까치집 까치집 까치집 까치집 까치집 까치집 까치집 까치집
서울대공원 내부 산책로 좌우 나무 위에 까치집 스물아홉 개

까치집 까치집 까치집 까치집 까치집 까치집 까치집 까치집 까치집 까치집
안산천 산책로에 까치집 열 개

까치집 까치집 까치집 까치집 까치집 까치집 까치집 까치집 까치집 까치집 까치집 까치집 까치집 까치집 까치집 까치집 까치집 까치집 까치집 까치집 까치집
호수 공원 센트럴 파크 숲 속에 까치집 스물한 개

까치집 온통 빈 집이고 한 군데에서만 까치가 울어 쳐다보니
까치집 까치집 두 마리가 마주보기에 스마트 폰으로 찰칵!

## 나의 만보기

스마트폰은 내 건강의 바로미터
가고 싶은데 가고
돌고 싶은데 돈다
그러면 내 발자국이 하나도 빠짐없이 때와 장소를 담아온다
폰이 아주 스마트해서 별짓을 다한다

삐삐형식의 만보기는 덧셈만 할 줄 알았다
빠클 형식의 만보기는 일정수준 지나면 리셋팅만 가능했다
그런데 스마트폰은 달력숫자 바뀔 때마다 리셋팅해서 관리한다

3월 31일까지 계산하고 월평균 13,681보까지 계산해서 저장한다
4월 평균 14,942보
5월 평균 14,347보

매일 걸음숫자 기록하고
매월 걸음숫자를 더해서 평균치를 기억하고
내 건강을 체크해주는 만보기

## 만보기를 열면 언제나 한걸음부터 출발한다

# A 프레임을 생각함

작대기 꼿꼿! 멜빵 튼튼!
우리 할아버지가 평생 지고 다니던 지게
등받이 깔판에 새겨진 글자들이다

포탄 떨어지는 골짜기에서 등짐으로 주먹밥을 나르고
총알이 빗발치는 능선에서 통신선을 지게에 지고
거미줄 같이 엮으며 따르던 지게꾼
포탄을 나르기도 했고
탄알 박스를 나르며
밥통 국통을 나르기도 했던
해외 통신사들이 A프레임이라 부르던
6.25전쟁터의 운반기구

참나무 작대기는 꼿꼿했고 쇠가죽으로 덧씌운 멜빵은 튼튼했다
작대기 꼿꼿! 멜빵 튼튼!
노무부대의 지휘통솔자는 항상 큰소리로 강조했다

먼 먼 할아버지 때부터 농사(農事)에 필수 운반수단이었던
지게는 A학점이었다

## 할미꽃

겨울바람 움츠려들 무렵의 이른 봄날
먼저 간 할배 묘소를 찾은 할망구
문득 딱따구리가 생나무 구멍 파는 소리를 듣는다

어느덧 젊은 날은 가고 이제는 늙었지만
피둥피둥한 할망구가 이글거리는 눈망울을 굴리며
꿈같이 지나버린 청춘의 삶을 반추하고
희희낙락했던 몸뚱어리를 어루만지고 있다

– 즐거운 밤도 있었지
– 늙어 꼬부라진 허리엔 가죽만 남고
– 죽은 영혼이 하늘나라로 가려면 생욕도 색욕도 잠재워야 하는데
– 곱던 피부도 거칠어지고 검은머리 파뿌리로 변한 백발만 성성한데
– 그래도 마음만은 청춘인지 청산에 딱따구리는 생나무 구멍도 잘 파는데
– 우리 집의 저 멍텅구리는 온몸으로 딱따구리 노래를 부르는데

봉분 옆 잔디이불 속을 뚫고나온
할미꽃 한 포기가 봄나들이를 하고 있다

# 고목나무 꽃피다

삼백 년 살다 죽은
엄나무에 꽃이 피어있네
연분홍 색깔의 꽃

앞에서 보면 세 송이
뒤에서 보면 한 송이
왼쪽에서 보면 다섯 송이
오른쪽에서 보면 두 송이

삼백 년 긴 세월 깊고 넓게 뻗어나간
밑뿌리로부터 엄나무 DNA 수분이 공급되었나
생명수가 죽은 나무를 살렸나
하늘의 기적인가

죽은 엄나무 밑동 뿌리근처에서
능소화 줄기가 칭칭 감고
이십 미터 높이에 꽃을 피웠네
머리 부분에서
얼굴 부분에서
턱 부분에서
모두 열한 송이의 꽃이 피었네

그런데 어린 학생 수백 명 몰려와
고목나무가 나이테 하나를 더 추가할 수 없음을
슬퍼하는구나!

## 생명의 한 단계

생의 동반자와 함께 찾은 한사랑종합병원
우선접수를 하고 내과에 들렀다
담담의사 왈 1차 내시경 조직검사는 외과소관이란다
외과부장 면담
1차 조직검사 판독결과로는…
2차 내시경 조직검사를 실시결론 통보
1차시에는 한 곳만 조직검사 채취로 분석데이터 미흡
이번 2차 내시경 조직검사는 범위를 확대 의심부위 상하 좌우

현 상태로는
내시경 촬영 내부가 상당히 양호한 편임
추가로 조직 떼어내서 검사 결과가
암(癌)으로 판정되더라도
쉽게 고칠 수 있는 초기단계 임으로
크게 근심 말라고 설명, 또 설명 안심시키려고 노력
날짜 목요일 08시 50분으로 잡고 귀가
한 끼 식사 생략하고 19시 정각 이후 아무것도 섭취하지 말라고 당부
외과부장 집도로 2차 내시경 조직검사 4개소 절취

모니터 상에
의심부위 절취시 출혈도 확인
장치로 상처부위 지지고 상처 마무리 액체로 세척도
의사와 함께 영상을 확인
뱃속 보이지 않는 부위 내시경 영상으로 실시간 확인
의사 간호사 친절하고 주위 환경 위생상태 양호
집에 와서 보험상태 확인하니
AIG 손해보험 건강보험 1103호
상담사 장순이 씨 왈
통원 검사비는 약관상에 생략되었고
그렇게 안 되기를 바라지만
암으로 확정시 관계서류 제출하면
근무2일 내 약정 보험금을 지급하겠다고…

불안(不安)한 하루, 그러나 넘어야 할 생명의 단계다

# 시간 여행

나 오늘 채만식문학관엘 다녀왔다
세월은 쏜살같이 빠르기도 하다
어제의 강이 아니었다
어제의 철길이 아니었다

기피자와 추적자의 게임은 오늘도 계속 중이다
1961년 어느 봄날
나는 최전방 소대장으로 중대장의 명을 받고
탈영병을 잡으러 군산에 갔다

누가 하늘에서 내려다본다
인간의 메커니즘 속에선 끝났다
그러나 인간사의 섭리 속에선 계속 진행 중이다

금강은 뚝이 가로 막아도 유유히 흐른다
1950년에 채만식은 갔어도
탁류(濁流)는 유유히 흐른다
시간을 뒤로하고 한 없이 흐른다
복귀하겠습니다
순순히 따라나선 그는 장항선 열차를 타고 가던 중 도망…

두 번째 군산 역전 대폿집 안에서
화장실 간다고 집안으로 들어가서 안 나오고…
“아주머니 와 안 나와요?”
다른 문으로 갔단다
세상에나, 나는 그대로 복귀해서 탈영보고를 했다

그렇게 저렇게 해서 신임 소위는 인정에 굴복…
탁류는 그곳 가는 곳마다 흐르고

# 연리지 사랑

오산 독산성 앞 번지수가 틀린 두 나무가 서 있다
두 영혼이 두 몸통이 결합해서 같은 하늘을 이고 있다

나의 짝은 거제옥씨(玉氏) 나는 경주김씨(金氏)
뿌리도 다르고 혈통도 다른데
우리 부부(夫婦)와 어찌 그리 닮았을까
우리도 연리지로 만나 평생을 해로하고 있다

세마(洗馬)역에서 내려 세마대(洗馬臺) 올라가는 옆 길
두 젊은 남녀가 몸을 붙이고 서 있다
두 영혼이 결합하고 두 몸통이 결합하려거든
평생 헤어지지 말고 연리지로 살아야한다
너희들, 그럴 수 있겠느냐

## 3K의 대화

세 친구가 산책을 마치고 콩나물국밥집 안에 마주앉았다

K1: 이 집은 체인점이야, 값도 3,900원 싸고 맛있어
너의 동네 산본에도 있다
K2: 아주머니 산본에도 이 체인점이 있어요?
K1: 야! 너는 왜 내 말을 못 믿어
거기 있다면 있는 것이지
K3: 맞다! k2는 남을 의심해, 버릇이야
너 지난번 언젠가 누구 아들 결혼식 때
축의금을 전달해 달라고 해서 그리 했는데
다음 날 '너 축의금 낸 거 맞아?'라며 전화가 온 거야
그때 얼마나 기분 상했는지…
K2: 내가 언제, 난 그런 일 없는데…
나는 상대방 약점 말 안 한다…
K1: 친구 약점 말 해줘야 진짜 친구야!
그래야 버릇도 고치고
K2: 난 마누라에게도 약점 말 안 한다
기분 나쁠까봐 언젠가 자기가 알아서 고칠 텐데

우리 셋은 '옳다 그르다'를 몇 번 되풀이하다 이내 침묵했다

찝찝했다, 셋이 모두 비슷한 감정일 것이다

## 잉어가 꿈틀대는 안산천

잉어 수 만 마리가 안산천 물속에서
헤엄치며 꿈틀댄다

서해 바다에서 밀물타고 올라왔나
시화 호에서 긴 겨울 잠자고 몸집 부풀려서 올라왔나
반(半) 이상은 살찐 월척이요 반이하는 어린애 팔뚝만 하다

물가에는 갈대가 무성해
갈대소공원을 생성하고 있다
사람 키를 훨씬 넘어 마주보고 인사하고
시화호 갈대공원을 꿈꾸고 있구나
고향 노래를 합창하고 있구나

시화호
입구를 기점으로 도보 길 5.2km
반대편을 돌아서 자전거길 6.0km

산책길에선 일일 수만 명이 산책을 즐기며 꿈틀대고
자전거 길에선 각양각색의 주인을 태운 바퀴가 꿈틀댄다

# 손자 놈의 첫 휴가

중복이 지나가니
매미소리 요란하다

군대 간 손자 놈은
왜 이리 소식 없나

입추가 다가오는데
무소식이 희소식인가

걸려온 손자 전화
왜 이리 반가운가

어딘가 묻는 말에
중앙역에서 전화한다네

간밤에 웃는 얼굴이
꿈속인가 생시인가

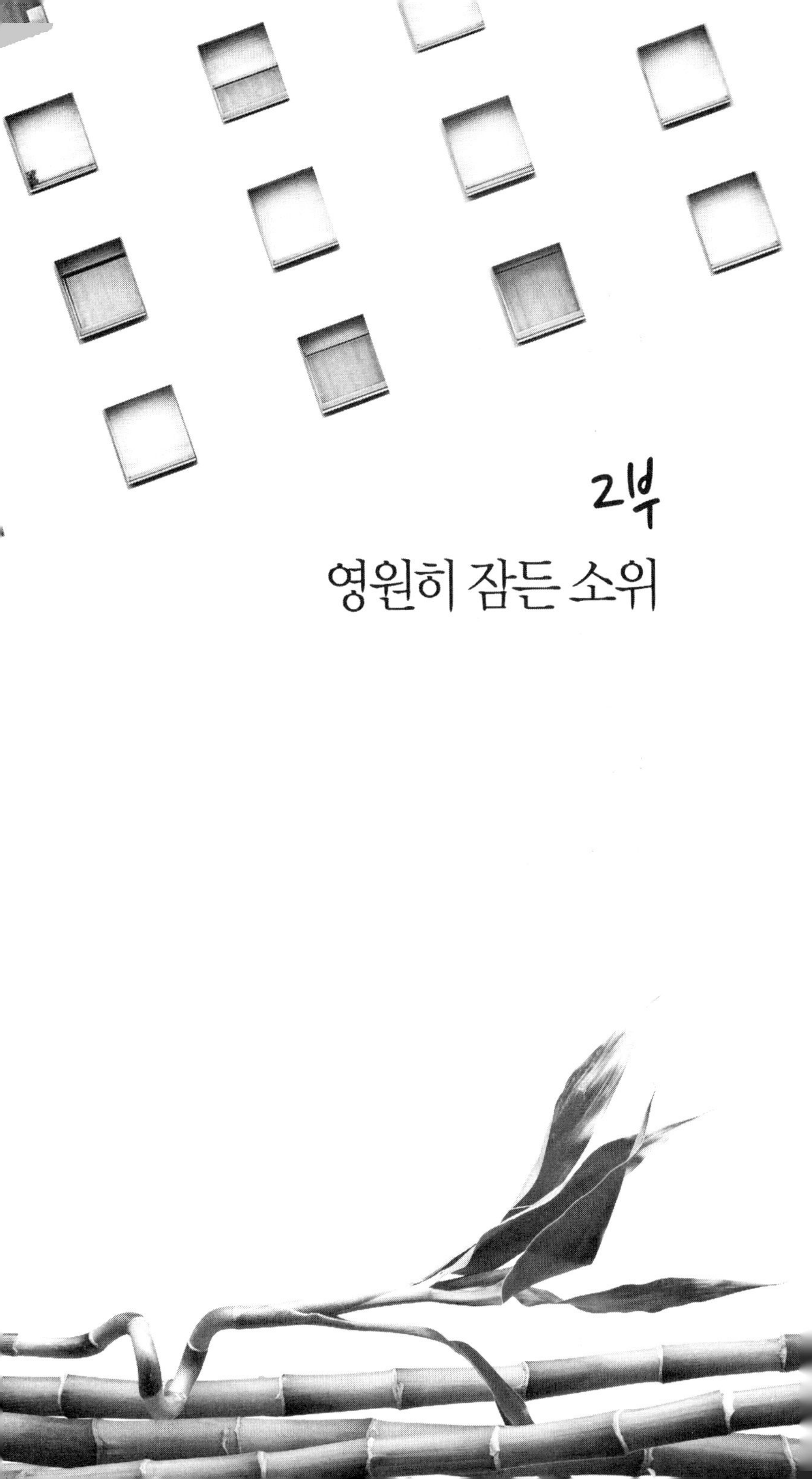

# 2부

# 영원히 잠든 소위

# 남산 그리고 한강

오백년 성곽 길을
도보로 걷다 보니

숙정문 가는 길에
총탄 흔적 박혀 있고

청와대 보호벽으로
천년 앞을 그렸다

남산의 서울타워
여행객들 몰려와서

한강의 경이적인
기적을 찬탄하며

오늘의 눈부신 발전
테이블에서 감상하네

# 황새, 잉어의 노래

산책 길 양쪽 옆에 무성한 온갖 풀잎
어른의 키 높이로 자라고 또 자라서
여울목 노래 소리에 춤추는 갈대의 숲

전선줄 가로질러 비둘기 내려앉아
오르면 활공하고 내리면 물 한 모금
새들도 물고기들도 짝 짓는 계절이오

물속 잉어 때가 수 백 마리 헤엄치고
철따라 찾아오는 황새가 동무하니
시절이 너무 좋아서 갈대가 합창하누나

황새가 나를 보고 물 위를 헤쳐가다
긴 목을 S자 운동 쪼는 듯하더니 훨훨
안산천 황새 날개가 창공을 휘젓고 있네

갖가지 들꽃들도 형형색색 만발하니
벌 찾아 꿀물 먹고 몸속에 저장하네
이것이 대자연 속의 생동하는 봄철이네

## 총알 하나

추석이 며칠 남지 않은 청명한 가을 하늘 아래
아름 벌어진 빠알간 밤알이 튀어나올 듯 입을 딱 벌리고
매달려 있는 알밤나무 하나

인제군 남면 어륜리(於論里) 582번지 경주김씨 계림군파 수호신 같은 아람들 이 밤나무!
그 나무 밑에서 m1 소총 총알 하나를 발견했다.
적치(敵治) 90일 동안 빨갱이 노릇하다
총 맞아 죽은 김○○ 선생의 몸을 뚫고 떨어진 탄알인가

아니면
삼천리강산에 배추 한 포기 안 심어 먹고 살았다고 외쳐대며
친구 아버지를 역기들 듯 두 팔로 하늘 높이 치켜들고 내동댕이 치려했던
노동당위원장 손칠만의 가슴을 꿰뚫은 탄알인가

알밤나무야
너는 보았으리라 이것도 보고 저것도 보고

그리고 9.28 수복 때 쫓겨 가는 북한군이 알밤 주어 까먹는 모습도

38선을 돌파하고 북진하는 UN군에 끼어 밤나무 밑을 통과하는 껌둥이 흰둥이 노랑머리도…

정월 대보름 휘영청 달 밝은 밤이면
집 앞개울 얼음판 위에서 소원을 빌던
순하디순한 막내고모와 내가
두 손 모아 비는 모습도 너는 기억하리라

그런데
그 고모는 피난통에 충청도 귀신이 되었으니
밤나무야 너! 그것을 어찌 알리

# 간월암에 관한 명상

나는 간월도를 다녀오면서 만조시 섬으로 변한 간월암을 바라보았다

그리고 간조시 물이 빠져 육지로 변한 간월암 위에 올라 망망대해를 바라보며 망상에 잠긴다

고려 말 무학대사가 여기서 도를 깨우쳤다는 전설을 깔고 앉은 암자

임진왜란과 관련해서는 사명대사의 전설이 흐르고

3.1만세운동과 관련해서는 만공선사의 기록이 빛을 보지 못하고 있는 간월암(看月岩)

무학대사는 이성계를 도와 조선을 개국하여

대마도를 정복하고

독도에 조선령(朝鮮領)이라 표시하니

간월암에서 달을 보고 깨달은 득도(得道)의 힘이 조선 8도를 뒤덮었도다

만공스님은 독립을 갈망하는 1,000일 기도를 간월암에서 하였다

기도를 마치고 나온 날이 1945년 8월 15일이라고 한다

가만히 서산 지도를 들여다본 다

홍성군과 경계하는 A방조제와 태안군과 경계하는 B방조제 사이에 위치하는 간월리가

태안군 안면면에 붙었다

서산군 부석면에 붙었다를 반복했다

마치 썰물과 밀물이 들락날락할 때마다 간월암이 간월도리에 붙었다 떨어졌다를 반복하는 것처럼

## 날아간 까치집

무식한 놈들이 집을 헐었습니다
헐다 못해 송두리째 날려버렸습니다
아이들이 잠자고 있는 상태에서 기둥뿌리를 잘라버렸습니다
울부짖을 겨를도 없이 119에 요청할 시간도 없이
집 주위에 나무의 몸통을 잘라 송두리째 없애버렸습니다
나는 어디 가서 잠을 자고
비바람을 피하고 아이들을 건사하란 말인가요
나는 408동 504호 애기들과 친하게 지냈는데
해가 뜨면 아침인사를 했고
해가 지면 저녁인사를 하고 잠자리에 들었는데
조명등이 켜지면 함께 흥얼대며
청청 밤하늘에 별을 헤아리며 노래했는데
이 가정의 평화를
이 이웃의 평화를 파괴한 자 누구인가요
이 나라엔 이웃을 사랑하라는 가르침도 없나요

도롱뇽 한 마리를 위해선 수백억의 혈세를 쓰면서
아파트 단지 안에서 가지치기한다고 나무 몸통을 잘라버려

우리들의 보금자리를 없애버리는
바보 같고 추악한 인간들 머리 위에
새똥이나 싸야지

# 영원히 잠든 소위(小尉)

나라오는 적탄에 맞아 죽어야 애국인가
내 칼로 내 가슴을 찔러야 애국인가
다 같은 동족이구요 우리나라 민족인데

총탄이 빗발치고 포탄이 작렬했던 곳
발견된 해골 속에 박혀 있는 군번줄은
저 고지 탈환전에서 사라진 소모품

휴전되고 65년에 광복되고 70년 홀로
산천이 뒤 바뀌고 역사가 요동친 뒤
조국의 평화를 위해 영원히 잠든 소위

# 처녀의 몸부림

뒤태 고운 류(柳)씨 처녀가 물가에 서있다
앞을 보니 누더기 옷을 걸치고 있다
온갖 조각조각으로

물가 갈대들이 시화호 쪽으로 누워있고
자빠지고 엎어져 있네

이웃들을 보호하려고 살리려고
넘쳐흐르는 홍수의 물줄기를 품 안에 안고
그 쓰레기 흙탕물을 다 뒤집어쓰고 온몸으로 버티며
물 한 가운데서 천기를 기다렸나 보다

장마 그치고 햇빛 찬란하게 빛나니
류씨 처녀 떠내려가지 않고 제자리 지키고 서있네

하도 신기해서 다음 날 그곳을 찾아가 보니
말끔하게 손질한 복장으로 서 있네
긴 머리 바닥에 끌리네

굳세게 상류쪽을 마주하고 서 있는 버드나무 처녀야!

# 이시백 친구를 그리워함

하늘나라로 먼저 떠난 이시백
보고 싶다
불러도 대답 없는 너는 하늘나라에서 단꿈을 꾸고 있는지
지상에 있는 가족들은 여전하다
다른 사람들이
말하기를 네가 이 세상에 있을 때
꼼짝 못하게 하고
네 앞길을
가로 막았다는 낭설이
있었다는 거야
등창이 나서
살에 구멍이 파여도
너는 아프단 말도 안 하더라 는 거야
한 많은 친구야
진작 에 나에게 연락 했더라면
연명치료 안하겠다는 사전 의료지시서 한 장 쓰고
호스피스 병동에서 나와 지난날의 추억을 더듬으며
실컷 웃다가 갈 것을
강릉에서의 디젤 13도람 해프닝
영천에서 수 없이 의견을 나누었던 계 ㅇㅇ스토리 등

온갖 스트레스
훌훌 털어 버리고 창공으로 날아간 친구의 영령이여
겨울이 오기 전
대전 현충원을 찾아가서 회포를 풀고 싶다
너의 묘비 앞에 서면
내가 느끼는 감정은…
삭풍에 굴러다니는 낙엽일까
그런데 너는 나에게 한 폭의 그림을 남기고 갔구나
고맙다

액자에 넣었다가 영정사진으로 사용할게

## 박달나무꽃

박달이 보았느냐 오월의 마루터기
꽃잎 속 알을 품고 꿈을 꾸고 있구나
가을이 오는 길목에 익어가는 결실의 꿈

새하얀 꽃잎의 그윽한 그 향기도
매혹적인 자태 위에 벌 나비도 사뿐히
벌만이 좋은 것이냐 인간도 좋을시고

새월이 오간다고 더불어 익는 박달
가을이 다가오니 풀벌레도 바빠지네
오호라 꽃잎열매도 선택을 꿈꾸누나

작년에 먹던 맛이 군침을 돌리는데
까짓 거 달콤함이 열두 달 가는 동안
주위의 소나무가지 시야 막아 빛을 더하네

홍두깨 칼국수도 밀어서 맛내는데
방망이 요술부려 귀신도 때려잡고
단군(檀君)도 힘을 뽐내어 곰할매 생산했네

# 구절초꽃

고대병원 들렀다 오는 길에
고잔역 구간에서 구절초 꽃밭을 보네

추억만 남아있는
수인선 폐 철길 양쪽 둔덕에
호화롭게 만발한 구절초
조화롭게 9월의
정취를 내뿜고 있는 꽃밭

향기로워라 수십 만 송이 꽃 입술
벌 나비 날아들고 4호선 전철과 어우러진 자태
가을 하늘을 쳐다보고 인생 스토리를 연주하누나
사람과 하늘과 또 다른 자연과 함께
과거를 노래하고
현재를 호흡하고
미래를 꿈꾸는 안산의 구절초 꽃밭

또 하나의 명물이네

# 남한산성

물안개가 남한산성을 휘감고 있는
2015년 11월 9일 오후 3시
보슬비가 내렸다 그쳤다 반복한다
시야가 가려져 그대를 쳐다봐도 용태가 희미하다

그대여!
수백 년  내려온 원한과 흔적들을 그대로 품고 있나
그대 품속 넓기도 하다
그대 품속 깊기도 하다
조선 16代왕 인조의 회한과
한민족의 슬픔과 고통도 큰 태풍으로 한 바퀴 열 바퀴 천만 바퀴 온몸에 칭칭 감고 돌고 또 돌았어도 그대는 여전히 자연의 섭리를 반추하누나
오히려 더욱 씩씩하게 자라서 왕성한 그대의 군졸들이
붉은 피를 내뿜고
400년 가까운 歷史를 통탄해 오고 있구나
원한에 사무친 머리털을 노랗게 물들이고
분홍치마 각양 색깔의 윗저고리를 걸친
그대들은 자태를 뽐내며 환하게 웃고 있구나
입동의 계절을 타고…

그대는 그 당시와 비슷한
오늘의 현실을 아는가 모르는가
우리를 찾아온 시진핑이 말하기를
미국을 제치고 자기네 손을 잡으란다

1642년에 지어진 수어장대, 그대여
지혜가 있거든 말하라

## 고무락[1]엔 누가 있나

고무락엔 후퇴할 길이 막힌 3명의 경찰이 숨어있다
할머니의 친정조카들이다
방 안엔 북한군이 방안 가득히 앉아있다
초등학교 5학년 12살의 몸으로
나도 그 속에 함께 앉아있다

천장에서 물방울이 뚝뚝 떨어지고 있다
“이거이 무스기 물이지비?”
북한군 대장이 묻는다
“초가지붕 위에 쌓여있던 눈이 녹아서 떨어지네!”
태연하신 할머니의 설명이다

나는 그 소리를 듣고 살짝 밖으로 나와 무조건 뛰었다
논두렁 밭두렁을 뛰어 삼촌네 집에 뛰어들었다
‘한참 시간이 지나도 총소리가 나지?’
나는 생의 본능을 느끼며 다시 집으로 되돌아간다
놀란 식구들이 잠시 후 보따리를 이고 지고 들고 집을 나섰다

1) 고무락 : 강원도 인제 지역에 있는 다락방 형태의 공간, 지붕과 천정 사이에 있는 삼각형 형태의 공간이며 바닥은 천정의 위라서 상당히 넓지만 사람이 기거하거나 물건을 놓기 위한 공간이 아니라 집이 매서운 추위에 집이 춥지 않거나 찌는 듯한 더위에도 시원하도록 만들어놓은 지혜로운 공간이다.

"동무들 어디 가오. 가다가 총 맞아 죽습메"

다라라락, 뒤에서 총소리가 들릴 것 같다
집에는 황소 한 마리 지키겠다고 늙은 할매만 남겨 놓고
1.4후퇴 피난길에 오른 것이다
지난여름 어느 날엔 국군이 안방 가득히 앉아 있다
새벽이 되자 비상나팔을 누군가 불어재꼈다
순식간에 군인들은 어디론가 사라졌다
북진하는 군인들이 하룻밤 쉬어가는 모양이다

우리 집은 이렇게 아군과 적군
저들이 필요할 때 모두 거쳐 간 집이다

# 이 세상에 가장 아름다운 당신

얼굴은 미스코리아에서 멀다
그러나 당신은 이 세상에서
가장 예쁜 손을 가지고 있다
그 중에서도 당신의 손가락은 정말로 곱다

태백산 줄기를 흘러내리는 내린천에서
장갑도 없이 영하 17도의 개울물에
당신은 맨손 빨래를 했다

DMZ 상천리 맑은 물에 배추를 절여 김장김치도 담갔다
궂은 빨래도 깨끗하게
김치도 맛있게
내가 지휘관인 부대(部隊) 군인 아저씨들도
이 세상에서 먹어본 가장 맛있는 김치라고 했다

당신의 손가락은 예쁘기도 하고
아름답기도 하고
따뜻하기도 하고
부드럽기도 하고
세 아들을 어루만져준
이 세상에서 가장 아름다운 당신입니다

## 무대에 오르다

일흔아홉의 나이에 눈을 떴다
남들은 내게
무엇을 더 보겠다고
무엇을 새롭게 보겠다고
무엇을 깊이 관찰하겠다고
다른 사람은 눈을 감을 나이에
눈을 떴느냐 묻겠지만

일본 미친 순사의 칼춤도 보았고
8.15광복이 되던 날
장거리에서 뛰어온 막내삼촌 태극기 흔들며 만세, 나도 만세

동네 사람이 빨갱이가 되어 고자질하던 이야기랑
나무껍질 베껴먹던 이야기가
다시 보여 눈을 떴다
그거 말로, 책으로, 영화로 다 본 것 아니야?

80년 전
어린 내 눈으로 본 것이 따로 있다고
그래서 눈을 떴다고 말할 테야

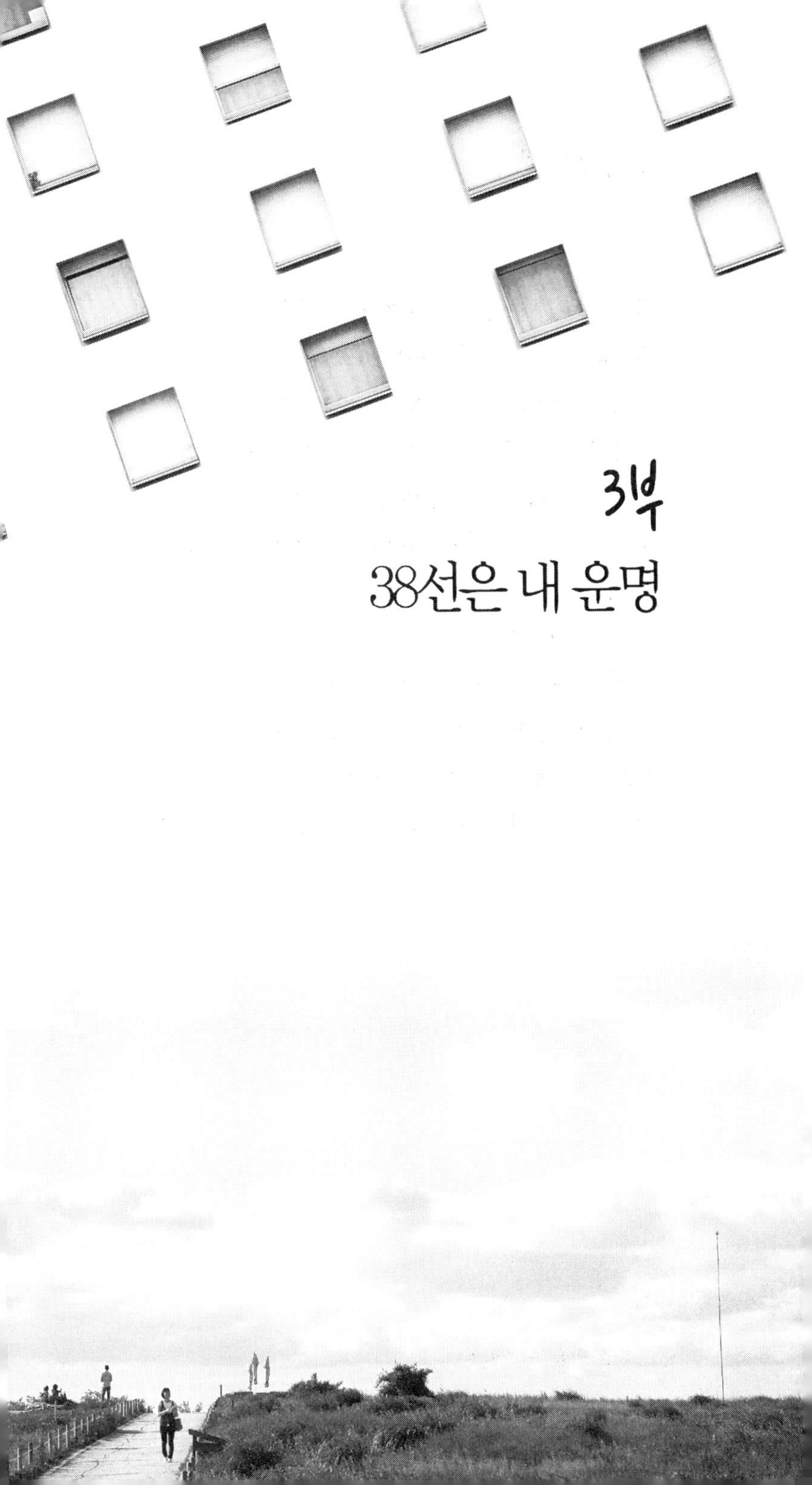

# 3부

# 38선은 내 운명

## 안산천 잉어

월척(越尺)의 잉어가 때지어 헤엄친 다
월이(二)척의 잉어도 수백 마리
월삼(三)척에 가까운 잉어도 수십 마리
서해바다의 조류가 수암산을 휘감던 시절
수암산 행궁 정조대왕의 수라상에도 올랐을 잉어다
다리 밑에선 물살을 헤치고 올라온 잉어가 옛날을 그리워하고 있다
해가 솟아오르고
달이 물속으로 가라앉던 안산천의 물결이
고기 반 물 반인 채 옛날을 노래하고 있다
시화호의 제방길이 서해의 물길을 열었다 닫았다 해도
달의 껍질을 비늘에 아로새긴 잉어의 자태가 아름답다

## 겨울나무

배속을 꿈틀대며 헤엄치는 기생(寄生)벌레
회충 요충 십이지장충 깨끗하게 박멸되다
새빨간 도깨비 되어 어린아이 괴롭히더니

살아남은 한 마리가 낮도깨비 되어 나왔다
깊은 산속 날아가 나무위에 똬리를 트니
눈비에 바람 불어도 낙엽이 떨어져도

푸른 실버들 덩이 겨울나무라 외친다
약(藥)이 되어 인간에게 은혜를 갚으러 왔다
지극히 평범한 진리 너도 살고 나도 살고

## 마지막 달력

노적봉 바라보며 한 장 남은 달력을 넘긴다
고개 넘는 병신년이 손짓하며 사라진다
세월아 거기 섯거라 쇠약해진 몸 헐떡인다

홍시도 맛이 없고 군고구마도 맛이 없다
식욕도 간데없고 회한만 남는 구나
글 쓰고 주워 담다 보니 오늘이 왔구나

희망도 절망도 젊은 날의 추억일세
희락도 만족도 지난날의 흔적일세
아서라 한 많은 인생 세월일랑 가고 오고

# 봄처녀들

봄이다, 봄이다 꽃피는 춘삼월이다
둘레길 산자락에 에 잊지 않고 찾아왔구나
진달래 개나리처녀 명찰 달고 서있네

시계방향 도는 길섶에 활짝 웃는 진달래 처녀들
키도 훤칠하고, 싸리나무 처녀도 옆에서 웃고 또 웃고
오호라 좋은 계절에 다시 만난 고향 처녀들

벚꽃이 만발하여 추억을 되살리는데
삼년 만에 뭍으로 나온 세월호 모란꽃 처녀는
계절을 망각했는가 시간을 잊었는가

# 싸드 배치

양키두목  일갈하니 칼빈슨 호 방향 돌리네
서울이나 평양이나 백 년 전 그대로 일세
피눈물 펑펑 쏟고도 정신 못 차리는 한반도

왕 서방 들어보라 원혼들의 함성을
당 태종 눈알 빼고 모택동 아들 품었도다
병자란 정유재란도 잊지 못할 원한(怨恨)일세

앞마당 선(線)그어놓고 금순이 피눈물 나게
카우보이야 왕서방아 머리 위에 놀지 마라
아직도 애처럽구나 영도다리 난간 위에 초생달

## 골든트라이앵글(GOLDEN TRIANGLE)

소양강 지류에서 소나무 뗏목 타던 소년
메콩 강 지류에서 대나무 뗏목을 젓는다
공간을 뛰어넘어서 시간을 압축하네

미얀마 국경을 다리 하나로 건너고
라오스 국경을 배를 타고 넘는 다
삼각지 트라이앵글 골든이라 부를 만하네

동물원 코끼리를 눈으로 감상하던 노인이
치앙마이 산책길에서 코끼리 등에 타고 논다
나라가 다르다보니 코끼리가 별짓을 다 하네

동물학대 하지 마라 보호법을 이해하느냐
코끝으로 동양화 그리고 사람 태우고 축구하니
화면을 보는 관광객 서글프고 애통하다

# 김 선생의 비문(碑文)

뭔지 모른 새댁 엄마는 궁속에 태를 두고 줄을 잘랐다
배설을 못한 엄마배가 장독만치 부풀었을 때
아빠는 한숨 토하고 엄마는 잠시 세상을 잃었다

벌집을 차서 눈 통이 밤 통이 되더니
교직으로 경주김씨 징선(長孫)임을 뽐내더니
무엇이 그리 급해서 부모보다 먼저 가느냐

산을 보고 하늘을 보고 하염없이 건는 산책길
엄마는 사별(死別) 후 삼년에도 갈피를 못 잡고
오늘도 산책길에서 너를 그려보며 우는구나

## 38선은 내 운명

38선이 없었다면 나는
다른 오늘이었을 것이다

금강산 아래 뜰에 우뚝 서 있네!
장하도다 우리의 운명이여

38선이 있었기에 나는
오늘 안산에 노적봉 아래 살고 있는 것이다

39년 깃대봉 아래 태어나서
59년 용산 한강변에서 물놀이 하고

79년 한밭 대전에서 꿈을 접고
우리 집터와 밤나무는 군부대가 깔아뭉개고 있다

## 신설동역 화재

거실 창문 폭
끝에서 끝까지 열차 통과시간은 5초 내지 6초
당고개 행 4호선 열차 10량이 모두 통과한다

1984년 8월 13일 금요일
08시 30분 1호선 신설동역에 화재가 발생
1호선 지하철 불통
인명 피해 없이 화장실에서 여학생 1명 질식 상태
86아시안 게임 준비
역사 미화작업 중 휘발유 신나 취급부주의로 판명
서울 지하철 건축 관리팀
밤샘 24시간 복구 작업으로 익일 첫차 정시에 통과

같은 해 9월 1,2호선 영등포구청역
1시간 300ml 폭우관련
외부지반 유수가 밀려들어 역사 천정부근까지 차올라 130,000톤 침수
2호선 지하철 불통
서울지하철 설비관련 팀
물빼기작전 전력(全力)투구
서울 시내 배수펌프 총동원
종로설비분소 동측을 담당하라

을지설비분소 서측을 담당하라
군사(軍史)작전 형식으로
밤샘 24시간 작전으로 익일 첫차 정시에 통과

그 시대 물난리와 불난리를 자초하는
시행착오도 있었다
서울 지하철 초창기 우리는
개척정신으로 1,2,3,4호선을 건설했고
5,6,7,8,9호선으로 확장 건설했다

오늘 날 서울을 여행하는 외국인들이
뉴욕 런던 파리 지하철을 여행해본 투어리스트들이
세계에서 가장 깨끗한 지하철이라고
그 중 화장실은 세계 넘버원이라고 자랑한다

# 참 좋은 그 사람

그는 항상 나를 대신합니다
세상물정과 싸우다 녹다운 돼 경찰차에 태워졌을 때도
그는 나를 대신해서 뒤처리를 해주었습니다

한가한 어느 날 추억이 그리울 때면
그는 나를 중앙역 건너편 영화관으로 데려가 마음을 달래도록
나를 대신해 관람료를 지불해주었습니다
내가 아파서 중환자실에 실려 갔을 때도
죽어서 땅속에 들어갈 때도 나를 대신해줄 그 사람입니다
그렇게 나를 위해 희생하다가 자기는 불속에 던져지더라도
아프다 뜨겁다 소리 한 번 지르지 않고
세상을 등질 것입니다

그는 그렇게 아들처럼 달려와
나를 위로하였습니다

## 갈대의 노래

산책 길 양쪽 옆에 무성한 온갖 풀잎
어른의 키 높이로 자라고 또 자라서
여울목 노래 소리에 춤추는 갈대의 숲

전선줄 가로질러 비둘기 날아 앉아
오르면 활공하고 내리면 물 한 모금
새들도 물고기들도 짝 짓는 계절이오

물 속 잉어 때가 수 백 마리 헤엄치고
철따라 찾아오는 황새가 동무하니
시절이 너무 좋아서 갈대가 합창 하누나

황새가 나를 보고 물 위를 헤쳐가다
긴 목을 S자 운동 쪼는 듯 하더니 훨훨
안산천 황새 날개가 창공을 휘 젓고 있네

갖가지 들꽃들도 형형색색 만발하니
벌 찾아 꿀물 먹고 몸속에 저장하네
이것이 대자연 속의 생동하는 봄이네

## 왕망전(王莽錢) 동전 하나

1600년 전 흔적의 조개무덤에는 굴 껍데기가 가장 많지만 백합이나 소라 같은 다른 껍데기도 보이고 아래턱이 완강해보이는 들짐승의 뼈도 함께 있다. 강산이 수백 번 바뀌다 보니 망망대해였던 그 자리가 옥토로 바뀌고 논으로 개발되고 밭으로 개발되어 지금은 김해평야로 바뀐 넓은 평야 한가운데 조개무덤 언덕이 남아있다

그 속에 동전 하나

여러 가지 토기조각, 불에 탄 쌀알 옆에서 발견된 글자도 또렷한 왕망전(王莽錢) 동전 하나!

신라인들이 배를 타고 중국대륙을 넘나들며 무역을 하던 기상이 녹아있는 한반도 철기시대의 흔적이며 장보고(張保皐)의 기상까지도 전해졌을 무역정신이 오늘날 지구상에서 열 번째의 수출국으로 발돋움한 원동력이 되었으리라

파나마운하를 통과하고
스웨즈운하를 통과하고
베링해협을 통과하고
태평양을 통과하는
오늘날의 무역정신도 왕망전 속에 흔적이 있을 것이다

김해 민속 박물관 주변에는 수로왕릉 주위로 허 왕후릉도 함께 신라 고분을 닮아 봉분이 크고 수능원에는 나무들이 곳곳에 우거져 있고 왕버들이 많은 편인데 김해 평야가 여기 있기에 가능하고 잘 어울리는 것 같다

제발!

항만(港灣)이 성공적으로 개발되어 수십만 톤의 크루스 선박이 수 백 척 들락날락하여 해양(海洋) 한국을 뽐내며 넓은 5대양으로 뿜어내는 KOREA의 기상이 우주 공간까지 뻗치면 훗날 조개 무덤에서 발견된 동전 왕망전(王莽錢) 하나가 16000년 후에도 사자후를 토할 것이다

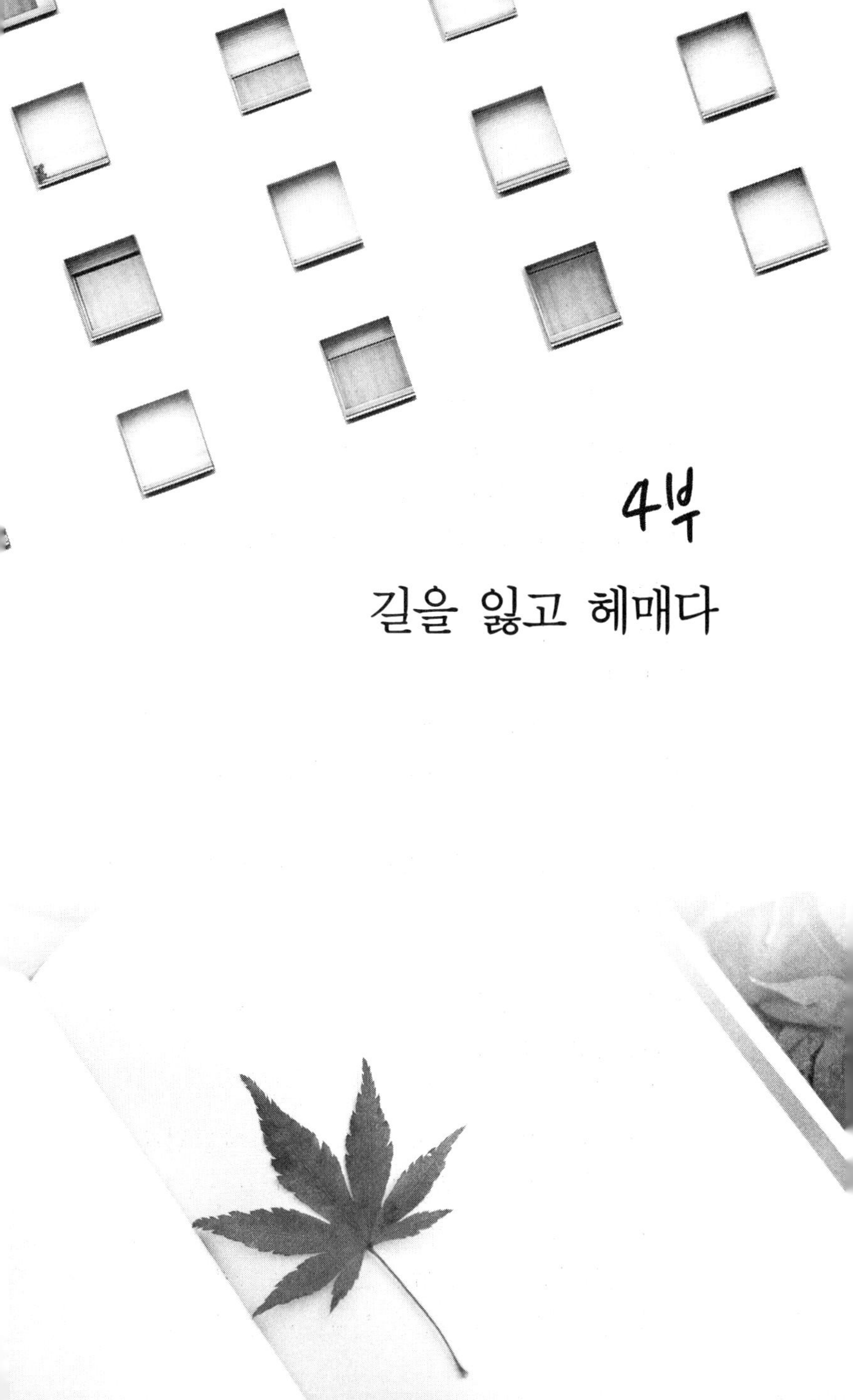

# 4부

# 길을 잃고 헤매다

## 그해, 그 남자

그해 거기서 만났을 때 그 남자는

몸에서 붉은 힘이 솟아나는 남자
날개를 감추고 날아가지 않는 남자
여전히 희망을 불태우는 남자
입에서 달콤한 냄새가 나고 웃음에 소양강물이 흐르는 남자
눈매에 소양강댐 호수를 들여놓고 손에 권총을 달고 사는 남자
이마에 평원을 들여놓아 당당하게 달리고 싶은 남자
설악산의 침묵과 소양강의 명랑이 흰 구름처럼 공존하는 남자
콧날에 넉넉한 인심을 얹고 턱 선에 보름달을 드리운 남자

낙엽 한 장 끼워진 통솔법 책을 읽고 있는 장군 티를 몸에 감고 있는 남자
마의태자 전설이 들릴 듯 꿈꾸는 남자
알프스 산을 여행 하는 듯 군가가 몸에 배인 남자
울타리 안에 만발한 무궁화꽃을 들여다보는 남자
울타리 밖 몇 송이 남은 채송화를 들여다보는 남자
마당가 들국화 송이 송이에 코를 대는 남자
부대 진입로를 즐기며 강가 산책을 좋아하는 남자

내면엔 진달래꽃이 붉게 피는 남자
참나무처럼 꼿꼿한  그 남자
야전 공병대대장, 그 남자!

## 노적봉에 올라갔지

노적봉에 올라갔지
홈플러스에서 엘리베이터를 타고 갔지
4층 연결교를 통해 갔지
단원미술관 뒷길 산책로를 통해서 갔지
시계방향으로 초록동굴 밑을 돌면서 갔지
정상가는 길에서 소롯길 돌면서 올라갔지
둘레 2.4km를 돌면서 올라갔지
156m 정상에서 사방을 둘러보러 갔지
부곡 동 제일CC 골프장을 보러갔지
멀리 아련히 시화호수너머 수평선 넘어 뿌연 하늘을 보러갔지
앨리카 캠퍼스 건물들을 보러갔지
광덕 산봉우리와 수암봉을 보러갔지
코밑 4단지 안에 서있는 220살 느티나무를  보러갔지
수암봉 밑에 있는 660살 안산 보호수 1호 느티나무도 보러갔지
산이 있는 안산을 보러갔지
들이 있는 안산을 보러갔지
바다가 있는 안산을 보러갔지
그렇게 노적봉 정상에 올라갔지

하루 시간의 10분의 1시간(時間)을 자연과 함께 하러 갔지

역사와 함께 하러갔지
나에게 나를 보여주러 갔지
내가 나를 알러갔지

## 책임

수술 중 어떠한 사고도 책임을 묻지 아니하겠습니다 서약을 하고
호스모양의 기구가 약 150cm의 길고 구불구불한 대장 직장을 통과한다
삶의 응어리들을 확실하게 볼 수 있다

장(腸) 벽에 매달린 콩알만한 용종 7개를 놓고 의사 선생은
뗄까요 말까요 질문을 반복한다

불그스레한 영상들로 채워지는 대장속의 벽들
이럴 때면 누구든 빠르게 미래를 예측하게 마련인데
나는 과거를 건드린다
대장 중간쯤 벽에 용종이 일가를 이룬 건
6.25피란 때 동네에서 얻어먹은 술찌게미에서 생긴 독소의 씨앗일까
아니면 햇소나무 속껍질 콩콩 찧어먹은 송기떡 독소일까
몇 십 년이 지났는데도 세월이란 참 인정머리 없다
배고픔 역경 속에서 삶의 고갯마루를 힘겹게 넘던
과거의 날들을 밖으로 도려낼 것이다

세상의 어떤 천사가
씨 뿌리는 계절과 열매 맺는 계절의 순서를

필요할 때마다 제멋대로 바꿀 수 있겠나

책임을 묻지 아니 하겠습니다

## 코끼리 학교

코끼리쇼 한다며 등에 타고 채찍질
긴 코로 풍경화, 웅장한 발로 축구하니
유럽의 관광객들도 신기한 듯 관람한다

대공원 돌고래쇼 금지하고 바다로 헤엄쳐간 그들!
동물착취 나라인가 관광후진국인가
동서(東西)가 다르니 진리(眞理)도 다른가봐

메콩강에 첨벙첨벙 코끼리 목욕시키고
태국산 코끼리는 별짓을 다하네
어떤 이 우마차 타고 어떤 이 코끼리 탄다

# 꼬마 반장

"1번이 O라고
생각하는 사람 손드세요?"

손 내리고

"2번이 X라고
생각하는 사람 손들어 봐요?"

꼬마 반장 손 번쩍 들고

"공부도 다수결(多數決)로 하는 것이
민주주의인가요?" 묻는다

## 꽃향기 진동하는 언덕에 올라

서울특별시 용산구 한강로3가 63번지에 우뚝 솟은 희망봉의 야트막하게 펼쳐진 언덕에는 아카시아 나무 몇 그루가 서 있었다 그 북쪽 언저리에는 이등박문 별장터가 존재한다고 어느 선배가 농을 했고 그 언덕 등줄기는 남산 자락에 연결되어 있었다 꽃향기 진동하는 계절에는 그 밑뿌리 깊은 너럭바위 언저리에 앉고 누어 각자의 예기에 몰입돼 있었다

“들어올 때 별이거든 나갈 때 해가 되거라” 나는 교가를 등에 업고 한강 백사장에서 행하는 신익희 선생 대통령 후보 연설회장을 다녀온다 “못 살겠다 갈아보자”는 사자후(獅子吼)가 백만 청중의 귀를 때리고 버려진 담배꽁초가 칠십 가마니나 수거됐다 나는 상기 번지에 존재하는 서울 국립교통고등하교 학생(學生)이었다

그 시절(時節) 최인규 씨가 교통부장관이었고 우리 학교 교장님도 교통부 공무원이었으며 같은 울타리 안에 교통고등학교, 교통부, USOM이 있었고 서빙고 쪽에는 8군사령부 게이트 5정문이 있었다 3학년 때는 기숙사가 헐리는 바람에 나와 두 친구가 자취생활을 하였다 한강북파출소에서 서빙고 쪽으로 연결되는 제방을 따라가다 보면 오른쪽 한강 백사장 언저리에는 이촌동 판자촌이 게딱지처럼 연결되어 있었다. 우리 세 친구의

자취방이 바로철길 건널목 아래 계단아래 오른쪽에 있었다.

달밤이면 물지게지고 물통 두 개 매달고 건널목 부근에 있는 공동 수도에서 물을 길어왔다 물이 졸졸졸 나와서 두통을 받는 동안 셋이서 노래를 흥얼거리던 추억이 새롭다. 사라호 태풍 때는 "사람 살려"하며 복창으로 외치는 소리에 깨어나 밖에 나가 계단으로 내려다보니 강물이 넘쳐 집들이 잠겨 수중가옥이 되고 마을 가운데 제일 높은 교화 십자가를 붙들고 외치는, 도움을 외치는 함성이었다 한강 중심 폭에는 상류에서 떠내려오는 집들과 가축들이 엉켜서 아비규환(阿鼻叫喚)의 참상이 벌어지고 있었다

역사는 모든 것을 묻어버렸고 지난번 춘천을 가기위해 4호선 전철을 타고 가다 갈아타기 위해 이촌 역에서 내려 승강장에 올라보니 1959년도의 흔적은 전혀 찾아볼 수 없었다 백사장엔 동부이촌동 고급아파트로 채워졌고 역사건물 밑바닥이 물통추억을 떠올리는 장소쯤 될 것 같다 그리고 학교가 있던 자리, 교통부, 유솜자리가 함께했던 자리엔 초고층 아파트들이 차지하고 있었다 아카시아 추억의 자소는 흔적도 없이 사라졌다

그런데 남산과 함께 지금도 변하지 않은 것 하나가 있었다 8군 게이트를 포함한 에아리어 전체! 세월도 막아내고 그 자리에 존재하는 것은 나무도 풀도 도로망도 그대로

동작대교도 세월과 함께 타고 왔지만 끝나는 부분에선 방향을 꺾어 용산으로 틀었다 직진했으면 8군 주둔지를 동서로 가를 수 있고 2차세계대전시 일본군 조선군 주둔 사령부도 깔아뭉갤 수 있었을 텐데 세월과 함께 영원히 이어가는 것은 국제 정세 속에서의 한반도 정세인 것 같다

내가 너무 오래 살았나 보다

# 청춘(青春)

나는 젊었을 때 정말 열심히 일했다
그 결과 나는 실력을 인정받았고 존경받았다

그 덕에 60세 때 당당히 은퇴할 수 있었고
그런 내 20년의 삶은 너무 보람되고 자랑스러운 일이었다

나는 퇴직 후
"이제 다 살았다, 남은 인생은 그냥 덤이다"라는 생각으로
그저 고통 없이 죽기만을 기다리지 않았다

나는 공채시험에 합격해서 50번째 안에 드는 건설회사에 정식으로 취업했다

20년의 시간은 지금 내 나이 80세에서 보면…
4분의 1에 해당하는 짧지 않은 시간이었다

만일 내가 퇴직할 때
김주련(金柱聯)이와 함께 과천에서 수원까지 컴퓨터 배우러 다니지 않았으면
오늘의 청춘은 없을 것이다

그 바람에 나는 내 인생의 한이었던 대학(大學)과정 공부를 디지털로 마쳤고 졸업식 날은 『문화를 알면 경영전략이 선다』라는 책을 쓰신 총장님께서 본인이 작성한 졸업 소감문을 축사 속에 넣어 말씀하면서 02학번으로 졸업하는 나를 축하해주셨다 그 과정에서 나는 위대한 가르침 하나를 선물로 받았다

한번은 어느 날 밤늦게 전화가 왔다

"여보세요"

"예, 총장입니다"

나는 깜짝 놀랐다 총장님 웬일로 전화까지 하셨느냐고 물으니 졸업행사에서 총장 축사를 하는데 쓰다 보니 내가 쓴 감상문에서 인용할 부분이 있어 전화했다는 것이다 나는 영광스럽게 생각되는데 그것 때문에 전화까지 하셨느냐 물으니까 아니란다

지적소유권 때문에 본인의 승낙이 필요하기 때문이란다나는 세상에 태어나서 처음으로 지적소유권이라는 용어를 들었고 그것이 대학교 총장님으로부터였으니 얼마나 큰 교훈이 되었는지…

02학번 여름졸업식에서 졸업생이 차례로 줄을 서서 격려를 받고 졸업장을 받았다 그리고 그날 총장님과 내가 동년 띠 갑인 것도 확인했다 그 전 입학식을 전후해

서는 7월 3일자 조선일보에 만학도(晩學徒)의 한 사람으로 사회문화면에 사진과 함께 보도된 적도 있다

그리고 이젠 시조(時調)도 공부하고 싶다
이만하면 청춘이 아닌가

# 계절의 여왕(女王)

오월이 찾아오니 단지 내 푸르름이 왕성하다
라일락 향기가 흐르고 튤립 꽃도 멋들어지게 피었네
희망이 되살아나니 은율이 펄럭인다

가는 세월 오는 계절 천 년 만 년 변함이 없는데
침대는 킹사이즈 창문 열면 높이 스카이라인
오늘은 효도하는 날 내일은 출국(出國)하는 날

단장 짚고 밖에 나가 호수공원 산책한다
성장한 푸름 속에 온갖 잡새 품어주고
지천에 어우러진 꽃 계절 찾아 산보(散步)한다

# 날아오는 적탄

아내여 굳세게 이 세상을 사세요
까막까치 우는 곳에 나는 가오나
시절이 하수상하여 올똥말똥 하여라

아버님 어머님 천세무궁 하세요
휴전선 철조망에 태극기를 날리며
죽어서 한낮백골이 되어 돌아오리다

날아오는 적탄에 쓰러져야 옳으냐
내 칼로 내 가슴을 찔러야 옳으냐
다 같은 한민족(韓民族)이요 같은 핏줄이로세

## 청개구리

전혀 낯선 곳을 걷고 있는 자신을
발견할 때가 있다

원문동
생소하게 들어보는 이곳으로
누가 나를 불렀나

동틀 무렵 전, 인적이 전혀 느껴지지 않는 오솔길에서
그것도 물통을 양손에 들고 아내와 함께
나는 왜 이곳을 걸어가고 있나

청개구리 울음소리가 주위를 시끄럽게 한다
물통을 든 채
울음소리가 요란한 논둑길을 타고 다가갔다
누가 하는 말을 반대로 생각하고
세차게 울어대는 청개구리 울음
우리가 다가가자 울음을 뚝 그쳤다

동이 터서 새벽이 밝아오고 길이 훤해지고 새벽하늘과 같은 빛깔을
빛으로 앞산 뒷산 제 모습을 드러낸 안개가 휘감은 옹달샘에서 물을 받아
집으로 향했다

청개구리,
그 울음이 우리를 불렀던 것일까

청개구리,
내 인생 행로에 엇박자를 줄 것인가

## 길을 잃고 헤매다

802호 출입문을 노크하니
다른 사람이 문을 연다

"당신 누구요?"
"그런데 할아버진 누구세요?"
"내가 이집 주인인데 왜 당신이 여기서 나오는 거요?"
"우리가 오늘 이사를 왔는데 무슨 소리를 하는 겝니까?"
"어?"
"어?"

엘리베이터를 타고 내려와 보니
내가 너무 오래 살았나
호수는 맞는데 동수가 달랐다
오늘은 아파트 숲속에서 한참동안 길을 잃고 헤맸다

# 다시 만남

인연이 있었기에
우리는 다시 만났다

필연의 시간이 있었기에
우리는 다시 만났다

만나서 과거를 이야기하고
목욕을 함께 하고
카드놀이를 함께 하고
무엇을 기다리고 있었다

그 깊은 밤을
그 새벽이 오기까지

# 용주사(龍珠寺)

신라 문성왕 때 염거화상이 길양사란 이름으로 창건하여
고려 광종 때 소실된 것을 정조 때 사일이 다시 창건한 곳

정조대왕 할아버지의 꿈과
영조의 희망과 좌절이 엉켜 있는 곳

아버지
사도세자의 한이 맴도는 곳

사도세자 혜경궁홍씨 정조대왕 효의왕후 김씨의
위패가 모셔져 있는 호성전

용주사라, 용의 구슬은 어디다 숨겼을까
나도 용이 되고 싶어

개천에서 용났다는 사람이 되고 싶어
오늘도 밤을 새워 시를 쓴다

# 이익(李瀷) 선생

21세기
외국 석학 OO가 서울에 와서 말하기를
"세상에서 제일 좋은 먹거리는 콩"이란다

그보다 먼저 200년 전에
우리의 선각자(先覺者) 성호 이익 선생 왈

'콩'은
심고 기르고 수확해서
몸에 넣으면 가난을 물리칠 수 있다고…

그런데 결단코 말하거니와
콩 심은데 콩 나고 팥 심은데 팥 나지만
안 심은 데도 가끔 떨어져서 나는 경우도 있다

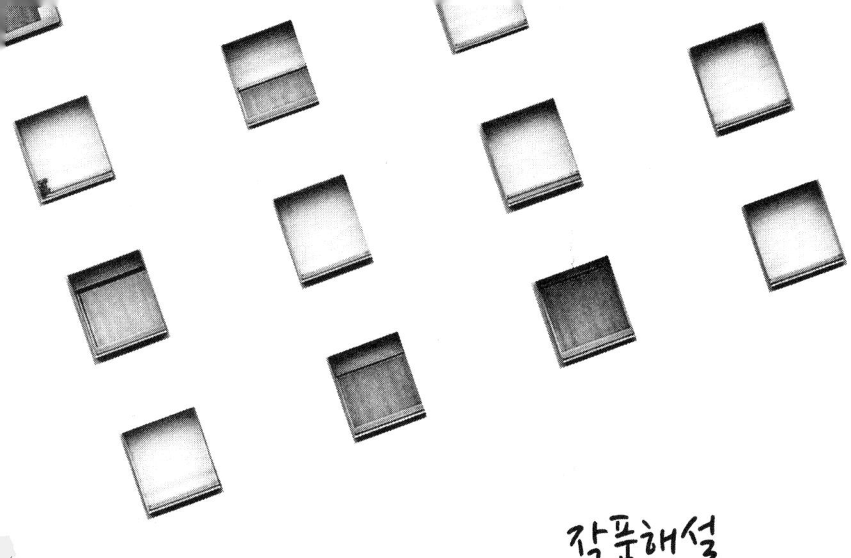

작품해설

# 우리 민족의 영광과 아픔을 관통해온 시인

김 순 진(문학평론가 · 고려대 평생교육원 시창작과정 교수)

# 우리 민족의 영광과 아픔을 관통해온 시인

김 순 진

필자와 김석준 시인은 스승과 제자로 만났다. 내가 나이 어린 스승이라 좀 계면쩍긴 하지만, 어찌 보면 나는 김석준 시인께 시를 가르쳐드리면서 더 많은 것을 배웠다. 3년 전에 작고하신 아버지께서 6.25참전용사였던 내가 김석준 시인에 대하여 남다른 연민이 느껴지는 것도 그런 이유다. 김석준 시인의 생각은 온통 나라를 사랑하는 마음과 봉사정신으로 무장되어 있다. 그도 그럴 것이 인생의 절반 이상을 육군 공병장교로 근무하다 영관장교로 예편했고, 이후 지하철공사에 근무하다가 정년퇴임을 했으니, 실로 나라에 봉사한 기간이 그의 인생에 대부분을 차지하기 때문에 그런 말을 할 수가 있는 것이다. 그래서 나는 이 시집이 김석준 시인 개인의 영달에 관한 시집이긴 하지만, 어찌 보면 이 시대를 살아가는 젊은이들에게 주는 이데올로기의 마지막 증인이 아닌가 하는 생각에 가슴이 뭉클해지기도 한다. 따라서 김석준 시인을 생각하면 우선 우리 민족의 아픔을 온몸으로 관통한 시인이란 말이 생각난다. 그러한 예는 이 시집의 곳곳에서 발견된다. 이 시집의 제목이 된 「고무락엔 누가 있나」 라는 시는 그 대표적인 예다.

총을 가진 인민군들이 자기 집 방에 가득 들어앉아 있고 그 한켠에 할머니와 가족이 있다. 그런데 갑자기 천정에서 물이 뚝뚝 떨어졌다. 그때, 인민군 우두머리가 강한 평안도 억양으로 "고무락엔 누가 있나" 물었을 때 어린 그는 가슴이 철렁하며 죽음을 느끼게 된다.

시를 쓰는 방법에는 관찰, 묘사, 증언, 고증, 상상 등 수없이 많은 방법이 있다. 그러나 아무리 많은 방법을 동원하고 미사여구로 치장해도 진실, 즉 사건의 절절함이 없으면 시는 겉치레에 불과하고 만다. 김종삼 시인의 시를 읽으면 우리는 시에 있어 진실이 얼마나 중요한지를 깨닫게 된다. "1947년 봄 / 심야 / 황해도 해주의 바다 / 이남과 이북의 경계선 용당포 / 사공은 조심조심 노를 저어가고 있었다. / 울음을 터뜨린 한 영아를 삼킨 곳. / 스무 몇 해나 지나서도 누구나 그 수심을 모른다"라는 김종삼의 시 「민간인」 전문이 그렇고, "조선 총독부가 있을 때 / 청계천 변 10전 균일상(均一床) 밥집 문턱엔 / 거지 소녀가 거지 장님 어버이를 / 이끌고 와 서 있었다 / 주인 영감이 소리를 질렀으나 / 태연하였다 // 어린 소녀는 어버이의 생일이라고 / 10전짜리 두 개를 보였다"라는 김종삼의 시 「장편 · 2」 전문이 그렇다. 이 두 시를 읽을 때 우리는 시에 있어 시적 진실이 가져다주는 효과는 그 어떤 방법론과 표현론을 동원해도 이겨낼 수 없다는 것을 알게 되는데, 김석준 시인이 써내고 있는 일련의 시들은 가슴이 먹먹해지는 진실을 포함하고 있어 우리는 그의 시를 주목하고 있는 것이다. 그런 시적 진실에다 묘사, 관찰, 고증, 증언, 추론, 고백 등의 다양한 시쓰기를 하고 있는 김석준 시인의 시는 연세를 믿을 수 없을 만큼 신선한 충격을 준다. 그럼 이쯤에서 우리 민족의 영광과 아픔을 온몸으로 관통해온 김석준의 시 몇 편을 읽어보면서 시적 진실이 독자에게 미치는 영향과 그의 다양한 시에 대하여 살펴보기로 하자.

작대기 꼿꼿! 멜빵 튼튼!
우리 할아버지가 평생 지고 다니던 지게
등받이 깔판에 새겨진 글자들이다

포탄이 떨어지는 골짜기에서 등짐으로 주먹밥을 나르고
총알이 빗발치는 능선에서 통신선을 지게에 지고
거미줄 같이 엮으며 따르던 지게꾼
포탄을 나르기도 했고
탄알 박스를 나르며
밥통 국통을 나르기도 했던
해외 통신사들이 A프레임이라 부르던
6.25전쟁터의 운반기구

참나무 작대기는 꼿꼿했고 쇠가죽으로 덧씌운 멜빵은 튼튼했다
작대기 꼿꼿! 멜빵 튼튼!
노무부대의 지휘 통솔자는 항상 큰 소리로 강조했다

먼 먼 할아버지 때부터 농사(農事)에 필수 운반수단이었던
지게는 A학점이었다

– 「A 프레임을 생각함」 전문

지게는 우리 민족의 가장 오래되고 현실적이며, 현명한 운반수단이었다. 지금이야 시장에 가서 물건을 사면 작은 유모차나 손수레, 카트 등이 발달하여 싣고 다닌다지만 고무바퀴가 생활화되지 않은 옛날에는 개인의 운반도구는 멜빵이나 지게뿐이었다. 보통 아이의 기저귀로 만든 쌀자루의 멜빵끈이나 발동기의 피대를 잘라 만든 지게 끈이 쓰이던 시절은 불과 50년 전후다. 그런데 이제는 집집마다 차량을 소유하고 있어서 가까운 거리야 개인용 손수레에 싣고 다니고 보통 주말에 한꺼번에 1주일 동안 쓸 물건을 구매해 차에 실어오는 경우를 자주 보게 된다. 그렇지만 불과 30여 년 전까지만 해도 지게는 우리에게 없어서는 안 될 운반수단이었다. 농촌에서 벌어먹고 살기 어려워 도시로 밀려들 때에도 '지게꾼이라도 해서 입에 풀칠을 해야겠다.'라는 말은 어김없이 등장했다. 아이를 업어줄 때도 지게를 태워주었고, 부모를 모시고 먼 길을 갈 때도 지게에 업어서 모시고 다니던 시절이 있었다. 어려서부터 지게를 많이 져서 키가 안 자랐다는 사람이 많지만 그것은 낭설이다. 나는 중학교 때부터 지게를 지고 나무를 하러 다녔다. 나무 석 단을 해서 산더미처럼 지고 내려올 때쯤이면 팔에 피가 통하지 않아서 저리다 못해 아예 감각이 없어질 때쯤 집에 도착해 마당에 나뭇짐을 부리면 날아갈 것 같은 기분을 지금도 잊지 못할 것 같다. 그래도

나는 내 또래의 친구들에 비해 키가 가장 큰 편이었으니 지게를 많이 진다고 키가 안 자란다는 것은 낭설인 것 같다. 아무튼 미군들이나 외국인들의 눈에는 알파벳 A자처럼 생긴 지게가 신기했을 것이다. 그런데 아버지의 지게나 고향집 벽에 걸린 주인 잃은 지게를 시로 쓴 사람은 많지만 해외 통신사들이 보도한 A프레임의 지게는 누가 쓴 적이 없다. 우리 아버지는 몇 년 전에 작고하셨지만 6.25전쟁 때는 18세의 나이로 전장에 포탄을 날라주며 알바 비를 벌던 전쟁노무자였다. 그런데 나중에 그 공로로 국군참전용사의 지위를 인정받아 자랑스러워하셨던 생각이 난다. 바로 김석준 시인께서 쓰신 전장에 포탄과 폭약을 지고 날랐던 바로 그 사람이었던 것이다. 때문에 이 시가는 내게 더욱 감회가 새롭다.

까치집
408동 동쪽 5층 높이 나무 위에 까치집 하나

까치집 까치집 까치집 까치집 까치집 까치집 까치집 까치집 까치집 까치집 까치집 까치집 까치집 까치집 까치집 까치집 까치집 까치집 까치집 까치집 까치집 까치집 까치집 까치집 까치집 까치집 까치집 까치집 까치집
서울대공원 내부 산책로 좌우 나무 위에 까치집 스물아홉 개

까치집 까치집 까치집 까치집 까치집 까치집 까치집 까치집 까치집 까치집

안산천 산책로에 까치집 열 개

까치집 까치집 까치집 까치집 까치집 까치집 까치집 까치집 까치집 까치집 까치집 까치집 까치집 까치집 까치집 까치집 까치집 까치집 까치집 까치집 까치집
호수 공원 센트럴 파크 숲 속에 까치집 스물한 개

까치집 온통 빈 집이고 한 군데에서만 까치가 울어 쳐다보니
까치집 까치집 두 마리가 마주보기에 스마트 폰으로 찰칵!

– 「까치집」 전문

이 시를 읽노라니 이상의 「오감도」나 오규원의 「해와 미루나무」를 읽는 듯한 착각에 빠진다. 이 시는 의미시가 아니다. 그림시이며 상상시이다. 사람들은 자꾸만 시에 의미를 두려한다. 그런 시는 현학취의 시라 해서 독자들에게 외면을 받는다. 왜냐하면 요즘 사람들은 모두 공부를 많이 하고 똑똑해서 남의 가르침을 받으려 들지 않는다. 스스로 판단할 능력이 충분하기 때문이다. 그래서 요즘에 "까마귀 노니는 곳에 백로야 앉지 마라"라고 한다든지, "생활이 그대를 속일 지라도 슬퍼하거나 노하지 말라"라고 한다면 바로, '누가 저만큼 모르는 줄 알아. 그거 되게 유식한 체 하네'라면서 비아냥의 대상이 되기 일쑤다. 그러면 이게 무슨 시가 된단 말인가? 이 시는 동네마다 나무 위에 있는 까치집의 숫자만큼 '까치집'이란 단어를 늘어놓음으로써 그만

큼 김석준 시인이 살고 있는 동네가 자연환경이 좋다는 말로도 풀이할 수 있고, 김석준 시인은 그런 자연에 대하여 관심이 많으며 감사하는 마음을 가진다. 그리고 이 시는 지금 살고 있는 자신의 환경에 대하여 만족감을 드러내는 시라고도 할 수 있다.

이상은 「오감도」에서 "13인의아해가도로로질주하오. / (길은막다른골목이적당하오.) / 제1의아해가무섭다고그리오. / 제2의아해도무섭다고그리오. / 제3의아해도무섭다고그리오. /(중략) 제11의아해도무섭다고그리오. / 제12의아해도무섭다고그리오. / 제13의아해도무섭다고그리오. / 13인의아해는무서운아해와무서워하는아해와그렇게뿐이모였소. / (다른사정은없는것이차라리나았소.) // 그중에1인의아해가무서운아해라도좋소. / 그중에2인의아해가무서운아해라도좋소. / 그중에2인의아해가무서워하는아해라도좋소. / 그중에1인의아해가무서워하는아해라도좋소. // (길은뚫린골목이라도적당하오.) / 13인의아해가도로로질주하지아니하여도좋소."라고 쓰고 있다. 이 시는 읽는 사람마다 해석이 다를 수 있다. '첫 번째 아해'부터 '열세 번째 아해'까지 쓴 이유에 대해서도 사람들은 예수님과 열두 제자를 떠올리거나, 공포의 대상인 13일의 금요일, 또는 자축인묘진사오미의 십이간지에 자신을 추가했다는 설 등 다양한 해석을 내놓지만 그 이유는 이 시를 쓴 이상 시인 자신만이 알 수 있을 것이다. 띄어쓰기 없이 붙여 쓴 것 또한 해석이 분분하다. 무서움을 극대화하기 위해 긴밀감을

주었다는 설과 도로를 질주한다는 말이 있듯 도로 위를 달리는 느낌을 주려고 하였다는 해석이 있기도 하다.

다음 오규원의 「해와 미루나무」를 한 수 더 읽어 보자. “언덕 위에 미루나무 네 그루가 하늘을 지우고 서 있습니다 / 첫번째 미루나무는 두번째 미루나무보다 키가 작습니다 / 두번째 미루나무는 세번째 미루나무와 키가 같습니다 / 세번째 미루나무는 네번째 미루나무와 키가 같습니다 / 네번째 미루나무는 첫번째 미루나무보다 키가 큽니다 / 세번째 미루나무는 까치가 앉아 있는 두번째 쪽으로 몸이 기울었습니다 / 두번째 미루나무는 까치가 없는 첫번째 쪽으로 몸이 기울었습니다 / 첫번째 미루나무는 보이지 않는 언덕의 밑으로 몸이 기울었습니다 / 두번째와 세번째 쪽으로 몸이 기운 네번째 미루나무를 향해 / 몸이 기울지 않은 한 아이가 뛰어가고 있습니다 / 네번째 미루나무 다음에는 강아지 한 마리가 다섯번 째로 서 있습니다 // 저 하늘에 있는 해가 구름을 자주 바꾸고 있습니다” 오규원이 말하려고 했던 것은 무엇일까? 오규원 시인은 우리에게 무슨 메시지를 주려고 했던 것이 아니다. 그냥 미루나무 네 그루가 있고 그 위에 구름이 흐르고 그 아래 한 아이와 강아지가 있는 풍경을 글로 그리고 있는 것이다. 첫 번째 미루나무가 두 번째 미루나무보다 키가 크든 작든 세 번째 미루나무가 두 번째 미루나무 쪽으로 기울어져 있든 말든 그것은 오규원의 관심사가 아니다. 다만 그런 표현을 통해 독자가 미루나무가 있는 한 마을을 상상하게끔 유도하고 있는 것이다. 우리는 이 두 시에서 충분히 시의 실험성을 배운다. 시는 교훈도 아니고, 의미도 아니다. 시는 실험이며, 개척자의 정신으로 시를 써야 한다. 시의 다양성을 해석하지 못하고 단순히 시를 심경표현이나 자연을 노래하는데 그친다면 시는 독자를 잃게 될 것이다. 따라서 김석준 시인도 「까치집」이라는 시를 통해 이상 시인이나 오규원 시인처럼 실험을 함으로써 내가 살고 있는 마을의 환경에 대하여 가치에 대하여 여유에 대하여 말하고 있는 것이다.

나 오늘 채만식문학관엘 다녀왔다
세월은 쏜살같이 빠르기도 하다
어제의 강이 아니었다
어제의 철길이 아니었다

기피자와 추적자의 게임은 오늘도 계속 중이다
1961년 어느 봄날
나는 최전방 소대장으로 중대장의 명을 받고
탈영병을 잡으러 군산에 갔다

누가 하늘에서 내려다본다
인간의 메커니즘 속에선 끝났다
그러나 인간사의 섭리 속에선 계속 진행 중이다

금강은 뚝이 가로 막아도 유유히 흐른다
1950년에 채만식은 갔어도
탁류(濁流)는 유유히 흐른다
시간을 뒤로하고 한 없이 흐른다
복귀하겠습니다

순순히 따라나선 그는 장항선 열차를 타고 가던 중 도망…

두 번째 군산역전 대폿집 안에서
화장실 간다고 집안으로 들어가서 안 나오고…
“아주머니 와 안 나와요?”
다른 문으로 갔단다
세상에나, 나는 그대로 복귀해서 탈영보고를 했다

그렇게 저렇게 해서 신임 소위는 인정에 굴복…
탁류는 그곳 가는 곳마다 흐르고

- 「시간 여행」 전문

1961년 어느 봄날, 탈영병을 잡으려고 전방부대의 소대장 신분으로 젊은 소위였던 김석준 시인은 군산에 간다. 그리고 그를 찾아내 호송을 한다. 순순하게 따라나선 탈영병은 장항선 열차를 타기 직전 군산 역전 앞 대폿집에서 화장실에 간다면서 다른 문으로 도망을 간 것이다. 그리고 60여 년이 흘러 채만식문학관엘 가기 위해 또다시 군산에 가게 된 것이다. 만감이 교차할 것이다. 우선 김석준 시인의 말처럼 강은 예전의 강이 아니었다. 그저 강물 하나 덩그마니 흐르던 채만식 소설 속에 나오는 탁류의 강은 군산을 기적처럼 일으켜 세운 밑거름이 되었을 것이다. 도시는 강이 있어야 성장한다. 군산은 일찍이 일제강점기 시대에 일본으로 물자를 빼돌리려는 일제의 만행의 터전이었다. 그러나 군산 시민들은 이에 굴복하지 않고 학생운동을 비롯하여 왜경이 잘 잡기 어렵도록 야간 만세운동을 전개한다. 또한 6.25동란 때에는 해병대 군산항 상륙작전을 시작으로 전라권 회복을 도모하여 진격의 발판을 도모하기도 한다. 그런데 군산을 향해 흐르는 영산강은 김석준 시인의 마음속으로 60여 년 동안 흐르고 있었던 것이다. 잡았던 탈영병을 장항선 군산역전 앞에서 놓치고 마음고생이 심했을 것이다. 그러나 그는 탈영병을 더 이상 뒤쫓지 않았을 것이다. 대폿집 주인아주머니가 뒷문으로 나가도록 도와주었을 터, 그렇지만 신임소위 김석준은 인정상 그 아주머니를 어찌 하지는 않았던 것 같다. 당시는 군법이 민간인까지 통제하던 시절이었으니 아주머니는 은닉죄를 받아야 할 처지였을 터인데, 김석준 소위는 그냥 탈영을 했다는 보고만 했던 것이다. 젊어서나 지금이나 참으로 인간적인 분이었던 것 같다.

나라오는 적탄에 맞아 죽어야 애국인가
내 칼로 내 가슴을 찔러야 애국인가
다 같은 동족이구요 우리나라 민족인데

총탄이 빗발치고 포탄이 작렬했던 곳
발견된 해골 속에 박혀 있는 군번줄은
저 고지 탈환전에서 사라진 소모품

휴전되고 65년에 광복되고 70년 홀로
산천이 뒤 바뀌고 역사가 요동친 뒤
조국의 평화를 위해 영원히 잠든 소위여

- 「영원히 잠든 소위(小尉)」 전문

김석준 시인은 다양한 수사법과 함께 시조에도 발군의 실력을 보인다. 그리하여 최근 계간 스토리문학에 시조시인으로도 등단을 하였다. 좋은 시조가 여러 편 있지만 필자는 여기서 김석준 시인의 관심사였던 군대생활, 공산주의, 이데올로기 그런 부분에 대해 집중적으로 살펴보고자 했던 바, 이 시조를 자세히 검토해보자. 이 시에서 나타나는 주인공인 국군 소위는 전장에서 조국의 평화를 위해 초개와 같이 목숨을 바치고 장렬히 전사하였으나 그 시신조차 찾지 못하다가 한국전쟁이 끝난 지 65년이 지나서야 발굴하게 되는 이야기다. 20대 초반의 젊은 장교는 그 집안의 훌륭한 기둥이었을 것이다. 어쩌면 사랑하는 여인이 있었을 것이고, 꿈이 많아서 박사가 되거나 학자가 되려고 열심히 공부했을 것이다. 그런데 조국에서 민족상잔의 전쟁이 터져 소련제 공산군 탱크와 100만 명이나 되는 중공군들이 인해전술로 덤벼드는 전장에서 진지와 전선을 방어하는 방법이란 오직 죽을 때까지 적에게 총부리를 겨누고 방아쇠를 당기는 길이었을 터, 이제 평화의 터전 자유대한민국에서 그가 잠들어있음이 국군유해발굴단에 의해 발굴되었을 때 모두 삭아 없어지고 하얀 해골 속에서 그의 군번줄만이 그의 신분을 증언하고 있었으니 이 어찌 시인의 눈에 그저 넘어갈 이야기인가? 그런 광경을 목격하는 시인이라면 누구라도 그 아픔을 노래하고 말

았을 것이니, 김석준 시인의 이 시를 통해 우리는 다시 한 번 자유의 소중함을 깨닫게 된다.

고무락엔 후퇴할 길이 막힌 3명의 경찰이 숨어있다
할머니의 친정조카들이다
방 안엔 북한군이 방안 가득히 앉아있다
초등학교 5학년 12살의 몸으로
나도 그 속에 함께 앉아있다

천장에서 물방울이 뚝뚝 떨어지고 있다
"이거이 무스기 물이지비?"
북한군 대장이 묻는다
"초가지붕 위에 쌓여있던 눈이 녹아서 떨어지네!"
태연하신 할머니의 설명이다

나는 그 소리를 듣고 살짝 밖으로 나와 무조건 뛰었다
논두렁 밭두렁을 뛰어 삼촌네 집에 뛰어들었다
'한참 시간이 지나도 총소리가 나지?'
나는 생의 본능을 느끼며 다시 집으로 되돌아간다
놀란 식구들이 잠시 후 보따리를 이고 지고 들고 집을 나섰다

"동무들 어디 가오. 가다가 총 맞아 죽습메"

다라라락, 뒤에서 총소리가 들릴 것 같다
집에는 황소 한 마리 지키겠다고 늙은 할매만 남겨놓고
1.4후퇴 피난길에 오른 것이다
지난여름 어느 날엔 국군이 안방 가득히 앉아있다
새벽이 되자 비상나팔을 누군가 불어재꼈다
순식간에 군인들은 어디론가 사라졌다

북진하는 군인들이 하룻밤 쉬어가는 모양이다

우리 집은 이렇게 아군과 적군
저들이 필요할 때 모두 거쳐 간 집이다

– 「고무락엔 누가 있나」 전문

고무락은 김석준 시인이 각주에서 밝힌 바와 같이 강원도 인제 지역에 있는 다락방 형태의 공간, 지붕과 천정 사이에 있는 삼각형 형태의 공간이며 바닥은 천정의 위라서 상당히 넓지만 사람이 기거하거나 물건을 놓기 위한 공간이 아니라 집이 매서운 추위에 집이 춥지 않거나 찌는 듯한 더위에도 시원하도록 만들어놓은 지혜로운 공간이다. 이 시는 6.25동란 때 그가 직접 겪은 이야기를 구성한 시다. 앞서 설명한 바와 같이 어린 김석준의 집에는 인민군이 잔뜩 들어앉아 있다. 그런데 "후퇴할 길이 막힌 3명의 경찰이 숨어있다 / 할머니의 친정조카들이다. / 방 안엔 북한군이 방안 가득히 앉아 있"고 초등학교 5학년 12살의 그도 그 속에 함께 앉아 있다. 어린 마음에 얼마나 불안했을까? 그런데 갑자기 천정에서 물방울이 떨어진다. 순간 인민군 대장이 이상한 눈초리로 묻는다. 게 무슨 물이지비?" 온 집안 식구는 가슴이 철렁했을 것이다. 그런데 할머니는 태연하게 초가지붕에서 눈이 녹아서 떨어지는 물이라고 말한다. 그 말을 들은 초등학교 5학년. 12살짜리 김석준은 속으로 너무나 겁이 나서 그 방을 슬그머니 빠져나와

멀리 멀리 달아난다. 생애 처음으로 생명의 위협을 느낀 것이다. 한참을 달아나다 보니 가족을 내팽개치고 혼자만 살겠다고 뛰쳐나온 데 대한 죄책감이 든다. 이렇듯 열두 살의 어린 몸으로 6.25동란을 겪으며 살아온 김석준 시인에게서 우리는 한 사람의 역사를 통하여 우리민족의 아픔을 읽는다.

1600년 전 흔적의 조개 무덤에는 굴 껍데기가 가장 많지만 백합이나 소라 같은 다른 껍데기도 보이고 아래턱이 완강해 보이는 들짐승의 뼈도 함께 있다. 강산이 수백 번 바뀌다 보니 망망대해였던 그 자리가 옥토로 바뀌고 논으로 개발되고 밭으로 개발되어 지금은 김해평야로 바뀐 넓은 평야 한 가운데 조개무덤 언덕이 남아있다

그 속에 동전 하나
여러 가지 토기 조각, 불에 탄 쌀알 옆에서 발견된 글자도 또렷한 왕망전(王莽錢) 동전 하나!
신라인들이 배를 타고 중국 대륙을 넘나들며 무역을 하던 기상이 녹아 있는 한반도 철기 시대의 흔적이며 장보고(張保皐)의 기상까지도 전해졌을 무역 정신이 오늘 날 지구상에서 열 번째의 수출국으로 발돋움한 원동력이 되었으리라

파나마운하를 통과하고
스웨즈운하를 통과하고
베링해협을 통과하고
태평양을 통과하는
오늘날의 무역정신도 왕망전 속에 흔적이 있을 것이다

김해 민속 박물관 주변에는 수로왕릉 주위로 허 왕후 릉도 함께 신라 고분을 닮아 봉분이 크고 수능원에는 나무들이 곳곳에 우거져 있고 왕버들이 많은 편인데 김해 평야가 여기 있기에 가능하고 잘 어울리는 것 같다

제발!
항만(港灣)이 성공적으로 개발되어 수십만 톤의 크루스 선박이 수 백 척 들락날락하여 해양(海洋) 한국을 뽐내며 넓은 5대양으로 뿜어내는 KOREA의 기상이 우주 공간까지 뻗치면 훗날 조개 무덤에서 발견된 동전 왕망전(王莽錢) 하나가 16000년 후에도 사자후를 토할 것이다

– 「왕망전(王莽錢) 동전 하나」 전문

김석준 시인에게 왕망전 하나는 그저 동전 한 개에 준하지 않는다. 그 왕망전 하나로부터 우리민족의 수고와 생활, 그리고 오대양 육대주를 누비고 있는 현시대의 무역까지도 읽어내며, 그 소망을 담아내는 것이다. 왕망전이란 중국 한나라시대의 왕망이란 황제가 즉위할 때 쓰이던 화폐다. 그런데 이상하게도 제주에서만 출토된다. 그것은 그 당시 한나라와 우리나라, 특히 제주도의 교역이 매우 활발했다는 증거다. 인간은 살아가기 위해 무역을 택해왔다. 자신이 만들거나 생산한 물건을 남에게 팔고 필요한 물건을 사들이는 일은 인간의 자연스러운 행동양식이었다. 한반도는 고조선이란 크나큰 나라가 존재했지만 고조선의 남쪽은 중국본토와의 교류가 사실상 발견되지 않는다. 그러다가 고조선이 붕괴하

고 낙랑 같은 나라가 중국정치체제를 받아들이면서 급격한 무역을 하게 되는데 아마도 왕망전은 그때쯤 들어왔을 것으로 추정된다. 낙랑은 경북 경주 지역 일대의 옛 지명으로 기원전 57년에 6촌(村)이 연합하여 고대국가를 형성하고 수도명과 국명을 금성이라 하였고 국호를 서라벌, 사로, 사라로 칭하였는데 중국과 낙랑과의 교역은 해상 교통이 이뤄지는 해안가를 위주로 진행된다. 그렇다면 왕망전은 언제 우리나라에 들어왔을까. 1928년 제주도 건입동 산지항 축조 공사를 하는 도중 해안 절벽에서 다량의 화폐가 발견되었는데 모두 중국에서 사용한 화폐였다. 이들 화폐는 후한과 신나라 왕망시대에 만들어진 것들이다. 중국의 한무제는 오수전이란 화폐를 국가에서 직접 만들면서 화폐개혁을 단행하였는데 이때 몰래 화폐를 만드는 사람들이 너무나 많았다. 한무제는 이를 잡아다 가차 없이 처형했는데 그 숫자가 수십만 명이나 되었으며 100만 명의 사람들이 자수를 하였다는 기록이 있다. 그러나 왕망은 한무제의 유씨왕주를 무너뜨리고 정권을 잡아 신나라를 건설한다. 그리고 3차례나 화폐개혁을 단행하여 왕망전을 만들지만 실제로는 실패하게 된다. 화폐의 무게가 일정치 않고 가격정책 또한 불합리했던 결과다. 아무튼 쌀알과 함께 출토되어 김해민속박물관에 전시된 그 왕망전이 것을 보고 이렇게 걸출한 시를 써내는 김석준 시인의 시야는 가히 천리경을 가진 수준이다.

그해 거기서 만났을 때 그 남자는

몸에서 불끈 힘이 솟아나는 남자
날개를 감추고 날아가지 않는 남자
여전히 희망을 불태우는 남자
입에서 달콤한 냄새가 나고 웃음에 소양강물이 흐르는 남자
눈매에 소양강댐 호수를 들여놓고 손에 권총을 달고 사는 남자
이마에 평원을 들여놓아 당당하게 달리고 싶은 남자
설악산의 침묵과 소양강의 명랑이 흰 구름처럼 공존하는 남자
콧날에 넉넉한 인심을 얹고 턱 선에 보름달을 드리운 남자

낙엽 한 장 끼워진 통솔법 책을 읽고 있는 장군 티를 몸에 감고 있는 남자
마의태자 전설이 들릴 듯 꿈꾸는 남자
알프스 산을 여행 하는 듯 군가가 몸에 배인 남자
울타리 안에 만발한 무궁화꽃을 들여다보는 남자
울타리 밖 몇 송이 남은 채송화를 들여다보는 남자
마당가 들국화 송이 송이에 코를 대는 남자
부대 진입로를 즐기며 강가 산책을 좋아하는 남자
내면엔 진달래꽃이 붉게 피는 남자

참나무처럼 꼿꼿한  그 남자
야전공병대대장, 그 남자!

– 「그해, 그 남자」 전문

그해 그 남자는 김석준 시인이 젊은 시절 야전공병

대대장을 할 시절의 남자이다. 500여 명의 병사를 거느린 공병대대장, 육군 중령의 김석준은 세상을 다 가진 것 같이 행복했을 것 같다. 공병대대장이란 직책은 말 그대로 애만 못 낳지 모든 것을 다 생산해낼 수 있는 최상의 병력을 가진 수장이다. 그러니 그는 "몸에서 불끈 힘이 솟아나는 남자"였을 것이다. "날개를 감추고 날아가지 않는" 천사였을 것이다. "입에서 달콤한 냄새가 나고 웃음에 소양강물이 흐르는 남자"라고 하니 얼마나 행복했을까 가늠이 된다. 아마도 그때쯤엔 장군이 되는 꿈을 자주 꾸었을 것 같다. 그래서 그는 "낙엽 한 장 끼워진 통솔법 책을 읽고 있는 장군 티를 몸에 감고 있는 남자"라고 스스로를 칭한다. 언젠가 들은 이야기인데, 전시에는 육군 중령이면 시장군수를 겸할 수 있는 직책이라는 말을 들은 적이 있다. 정말 젊은 날 행복하게 자신의 꿈을 마음껏 펼쳐보며 살아가신 것 같다. 얼마나 꿈이 많고 정이 많으며 소탈한가를 본인은 "마의태자 전설이 들릴 듯 꿈꾸"며 "알프스 산을 여행하는 듯 군가가 몸에 배"어 "울타리 안에 만발한 무궁화꽃을 들여다보"거나 "울타리 밖 몇 송이 남은 채송화를 들여다보"며 "마당가 들국화 송이 송이에 코를 대"는 운치를 느끼며 "부대 진입로를 즐기며 강가 산책을 좋아해"서 "내면엔 진달래꽃이 붉게 피는" 그런 남자였던 것이다. 투철한 군인정신과 시를 사랑하고 자연을 사랑하는 정 많은 젊은 남자는 그야말로 그 시대의 군인의 표상이었을 것 같다. 시집에는 소양강이나 강원도 이야기가 자주 나온다. 그것은 그의 고향 인제가 소양강이나 강원도와 무관하지 않기 때문이다. 따라서 도서출판 문학공원에서는 소양강댐 위 상징물로 흘러내리는 물고기가 절벽을 기어오른 폭포 형상을 시집의 표지로 정하려 한다.

802호 출입문을 노크하니
다른 사람이 문을 연다

"당신 누구요?"
"그런데 할아버진 누구세요?"
"내가 이집 주인인데 왜 당신이 여기서 나오는 거요?"
"우리가 오늘 이사를 왔는데 무슨 소리를 하는 겝니까?"
"어?"
"어?"

엘리베이터를 타고 내려와 보니
내가 너무 오래 살았나?
호수는 맞는데 동 수가 달랐다
오늘은 아파트 수풀 속에서 길을 잃고 한참 동안을 헤맸다

－「길을 잃고 헤매다」 전문

육군 중령, 야전공병대대장을 했던 그 총명했던 남자는 어디로 가고 길을 잃고 헤매는 남자가 되었을까? 참으로 입맛이 씁쓸해지지만 그것은 매우 자연스런 현상이다. 사람이 늙는다는 것을 죄악으로 보거나 추함으로

보려는 시선이 있다. 그러나 누구나 늙음 앞에 자유로울 수 없다. 신이 인간에게 준 두 가지의 선물이 있다면 하나는 '망각'이라는 선물이고 또다른 하나는 '늙음'이란 선물이다. 사람에게 망각, 즉 잊어버리는 게 없다면 원수 같은 사람들을 계속 보고 살아야만 한다. 첫사랑의 감정 때문이 지금의 사랑이 미덥지 않을 것이다. 어릴 적 가난할 때 생각 때문에 성장해서도 행복하지 않을 것이고, 일찍 돌아가신 어머니 생각에서 벗어나지 못하고 계속해서 어머니에 대한 그리움 때문에 괴로울 것이다. 그리고 사람이 늙지 않고 계속 젊음을 유지할 수밖에 없다면, 계속 건설현장이나 노동현장에서 일을 해야 하고, 계속 국방의 의무를 다해야 하며, 계속해서 자식을 낳을 수 있어서 인구가 폭발할 것이다. 그런데 다행이도 사람은 늙음으로써 죽음에 이른다. 그리고 늙음을 통하여 자연스럽게 세대를 교체한다. 아파트 호수는 802호가 맞는데 동수가 다른 곳으로 들어가 초인종을 누르니 전혀 다른 사람이 나올 수밖에 없다. 그런데 어찌 보면 신기한 생각도 든다. 그렇게 성냥갑처럼 똑같이 지어놓은 아파트에 잘들 찾아들어가는 것을 보면 신기하다는 사람들도 많다. 시골에 살고 있는 시어머니나 시아버지가 찾아올까봐 일부러 아파트 이름을 영어로 '월드메르디앙프레지던트아파트' 식으로 외우지 못하게 짓는다는 우스갯소리도 있다. 나는 집을 나와 출근할 때 한 번에 바로 출근하는 예가 별로 없다. 꼭 한두 번은 나왔던 집에 다시 들어갔다가 출근한다. 휴대

폰을 안 가지고 나오는가 하면 자동차 키를 안 가지고 나오거나 밤새 일한 원고를 '내게 쓴 메일함'에 저장해 놓고 나와야 사무실에 가서 일을 계속할 수 있는데 그걸 안 보내서 다시 집에 들어가 컴퓨터를 켜서 메일을 보내놓고 오는 경우도 허다하다. 사람은 이상하게도 몸으로 익힌 것은 잊어먹지 않는다. 지식은 안 쓰면 잊어먹게 되지만 어릴 적 배운 자전거는 늙어서 타도 잘 타진다. 어릴 적에 구슬치기 실력이 좋았다면 나이가 들어서도 구슬을 던져 잘 맞힐 수 있다. 탁구나 골프도 축구의 실력도 몸이 더뎌 잘 못하는 것이지 실력이 줄어들지 않는 것도 그런 이유다. 아무튼 깜빡깜빡 하는 것에 대하여 너무 자학하거나 아쉬워할 필요는 없다. 아버지께서 해주신 말이 떠오른다. 한 어른이 한복바지의 대님을 손에 쥐고 찾고 있었다. "대님 하나가 어디 갔지?" "아, 손에 쥐셨잖아요." "아, 이거 말고." "왼쪽 발목에 묶으셨잖아요." "아 그거 말고." 대님 한 짝 손에 쥐고 못 찾는다고 아파트 한 번 못 찾아들어갔다고 자학하거나 슬퍼할 필요는 없다. 아인슈타인이 기차를 타고 가고 있었는데, 검표원이 와서 물었다. "손님, 어디까지 가십니까?" "잠시만요. 저도 잘 모르겠어요."라면서 자기가 가야할 목적지를 몰라 티켓을 꺼내보았다는 일화는 유명한 이야기다. 그런 말로 위로하자. "너희들 늙어봤냐, 우리 젊어봤다."

이상에서처럼 김석준 시인의 시 몇 편을 읽으면서

그의 시세계를 들여다보았다. 시인은 무엇이든 걸고 넘어져야 한다. 일반인들에게는 사소한 의미지만 우리 시인들에게는 사소한 것에 목숨을 걸 이유가 있는 것이다. 시인들이 보아야 할 것은 에베레스트산맥이나 나이아가라폭포, 만리장성이나 피라미드가 아니라, 작은 풀꽃 한 송이다. 구르는 돌 한 개다. 부서진 나뭇잎을 물고 가는 개미다. 위대한 사람, 성공한 사람의 찬양이 아니라, 파지를 주워 유모차를 밀고 언덕을 오르는 노인의 끝나지 않은 생명의 의지에 대한 배려다. 그런데 김석준 시인은 사소한 것에 대한 배려가 있다. 고향에 대한 배려, 추억에 대한 배려, 꿈에 대한 배려가 있다. 표현 방식은 모두가 다르지만 희망의 메시지가 있다. 오래도록 갈고 닦아온 다양한 표현방법을 통해 자신의 뜻을 독자에게 효과적으로 전달하고 있어서, 과연 이 분이 팔순의 연세를 앞둔 분인가 깜짝 놀라기도 한다.

숲은 말을 한다. 그러나 시인은 숲의 말을 알이듣는다. 참나무가 말을 하고, 소나무가 말을 하고, 버드나무가 말을 하고, 돌배나무가 말을 하고, 자작나무가 말을 할 때 꾀꼬리는 이 모든 말들을 즐겁다는 뜻의 '꾀꼴'로 통역한다는 것을 알아듣는 것이다. 참새는 짹짹짹짹, 비둘기가 구구구구, 부엉이는 부엉부엉, 꾀꼬리는 꾀꼴꾀꼴, 뻐꾸기는 뻐꾹뻐꾹 울어댈 때 시냇물은 밑줄을 그으며 '졸졸졸졸'이라 말하는 것을 알아듣는다. 이 세상 모든 것은 살아있고 말을 하며 달리고 먹으며 학습하고 망각하고 사랑한다. 다만 시인만이 그런 현상을 볼 수 있다. 바위는 50억 살이므로 한 어절과 한 어절 사이가 1년씩 걸리기 때문이 사람들이 알아들을 수 없을 뿐이다. 나무는 한 나무가 수천 개의 입(잎)에서 수만 개의 입을 가지고 있으므로 너무 시끄러운데 사람은 그걸 '푸르다'로 알아들을 뿐이다. 김석준 시인의 시는 여전히 푸르다. 여전히 꽃이 된다. 여전히 꿈을 꾼다. 시인은 꿈을 먹는 사람이다. 따라서 김석준 시인은 늙지 않는다. 다만 비슷한 연배들과 현상을 공유하되 그는 시를 통해서 날마다 새로운 잎을 내어놓고 위로위로 성장하는 고목이 되어가고 있는 중이다. 시집 상재를 축하드린다.

국립중앙도서관 출판예정도서목록(CIP)

이 도서의 국립중앙도서관 출판예정도서목록(CIP)은 서지정보유통지원시스템 홈페이지(http://seoji.nl.go.kr)와 국가자료공동목록시스템(http://www.nl.go.kr/kolisnet)에서 이용하실 수 있습니다.

(CIP제어번호 : CIP2017016665)

김석준 시집
고무락엔 누가 있나

초판인쇄일 2017년 7월 15일
초판발행일 2017년 7월 21일

지은이 : 김석준
발행인 : 김순진
편집장 : 전하라
디자인 : 김초롱
펴낸곳 : 문학공원
등 록 : 2004년 3월 9일 제6-706호
주 소 : 우편번호 03382 서울 은평구 통일로 633
녹번오피스텔 501호 스토리문학사
전 화 : 02-2234-1666
팩 스 : 02-2236-1666
홈페이지 : http://cafe.daum.net/yob51
이메일 : 4615562@hanmail.net

※ 책값은 뒤표지에 있습니다.
※ 저자와의 협의에 의해 인지는 생략합니다.
※ 이 책의 제작비 중 일부는 안산시의 문화예술진흥기금을 지원받아 제작되었습니다.